学ぶ人は、変えてゆく人だ。

目の前にある問題はもちろん、

人生の問いや、

社会の課題を自ら見つけ、

挑み続けるために、人は学ぶ。

「学び」で、

少しずつ世界は変えてゆける。

いつでも、どこでも、誰でも、

学ぶことができる世の中へ。

旺文社

大学入試

英語長文 *plus* プラス

頻出テーマ 10

トレーニング問題集

背景知識　キーワード

宮下卓也 著

旺文社

はじめに

「長文を速く正確に読めるようになりたい！」

これは，多くの受験生にとって切実な願いと言えるでしょう。

近年の大学入試問題は長文化の傾向にあり，速く正確に長文を処理する力がこれまで以上に求められています。予備校講師として受験指導をする中，「このような願いに何としても応えたい」と思い，書いたのが本書です。

速く正確に読むためにはさまざまなアプローチがあります。その中でも本書では，頻出テーマの「背景知識」と「キーワード」を身に付ける点に重点を置きました。よく出題されるテーマの「背景知識」と「キーワード」を知っておけば，試験本番でも速く正確に読めるというわけです。

本書では，頻出テーマを選定するにあたり，膨大なデータをもとにして，慎重に検討を重ねました。また，頻出テーマの「背景知識」や「キーワード」についても徹底的に厳選し，「よく出る」ものに絞り込みました。何度もじっくり読み込むことで，必要な知識が自然と身に付くようになっています。

本書は，私大上位 GMARCH レベルのマーク式過去問の中から良問を厳選して掲載しています。解説の詳しさにもこだわりました。「試験本番ではどのように考えれば答えを導き出すことができるのか」を意識し，解答までのプロセスを丁寧に解説しています。本書を使って繰り返し練習してみてください。「速く正確に読む」ための知識と，マーク式問題での点の取り方をマスターし，志望校合格に一歩でも近づいてくれたなら，筆者としてこれほどうれしいことはありません。

宮下卓也　みやした・たくや

　　河合塾講師，東京大学卒業。高校 1 年〜既卒生までを対象に基礎クラスから最難関クラスまで幅広く指導するほか，講座テキストなどの教材制作にも力を入れ，全統記述模試制作チームではチーフを務める。構文を重視した論理的な授業は，「とにかくわかりやすい」「実際に成績が上がる」と評判で，毎年数多くの受験生を合格に導いている。『単語を覚えたのに読めない人のための英文読解のオキテ 55』(KADOKAWA)，『英作文 FIRST PIECE』(Gakken)，『大学入試 英文法 Eureka!』(かんき出版)など著書多数。

目次

解答・解説

編集協力： 株式会社友人社(Onda Sayaka)
校正： 大河恭子，渡邊聖子
組版： 岩岡印刷株式会社
録音： 巧芸創作株式会社
ナレーション： Karen Haedrich，原田桃子
装丁： 金井久幸(TwoThree)
本文デザイン・音声サイト： 牧野剛士
編集担当： 須永亜希子

本書の特長と構成

特長

1. GMARCH レベルの頻出テーマ長文演習と知識習得が 1 冊でできる

『全国大学入試問題正解 英語』(旺文社)の入試データ分析をもとに，予備校のテキスト作成にも携わる著者が GMARCH レベルの英語長文問題で頻出かつ重要な 10 のテーマを厳選。難関私大の頻出テーマ問題演習だけでなく，「初見の英文に強くなる」ための解説や情報が充実した 1 冊です。

2. 初見の英文に強くなる！

①頻出テーマの背景知識

英文のテーマについての「基本の知識」に加え，入試対策に役立つ情報として「入試の出題傾向」と「文章の展開と読み方」を知ることができます。

②頻出テーマのキーワード

問題英文に出現するキーワードとテーマに関連する他の重要キーワードをまとめて学習できます。キーワードには，名詞を中心に，関連性の高い動詞や形容詞なども取り上げられています。各キーワードについては，詳しい説明もあるため，長文読解に役立つ単語学習ができるようになっています。

なお，解説ページの英文では，テーマに関連するキーワードに色付けがされています。各段落の「読解の重要ポイント」と「テーマに関連するキーワード」を確認しながら復習ができる構成になっています。

3. 設問ごとの詳細な解説で解き方がわかる

一つひとつの設問について，各選択肢の日本語訳とともに正解の根拠となる本文中の箇所を詳細に解説。また，構文的につまずきやすい箇所については，「重要構文解説」にて文構造をビジュアル的に示して解説しています。

4. 問題英文とキーワードの音声学習ができる

10 題の問題英文と，キーワードリストに掲載している「英語＋語義」を音声化しています。音声は，アプリ「英語の友」や特典ダウンロードサイトおよび紙面の 2 次元コードから無料で聞くことができます。音声の利用方法については 7 ページをご覧ください。

英文の音声の活用法

段落ごとの英文を見ながら聞く／段落ごとの訳を見ながら聞く

キーワードの音声の活用法

本を見ながら繰り返し聞く／単語を書きながら聞く

構成

別冊／問題編

目標解答時間を目安に問題を解き，かかった時間を
記録しましょう。
※別冊は本冊から取り外して使えます。

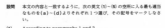

設問　本文の内容と一致するように，次の英文 (1)～(5) の空所に入る最も適当
なものを (a)～(d) よりそれぞれ 1 つ選び，その記号をマークしなさ
い。

(1)　According to paragraphs 1 and 2, ＿＿＿.
- (a)　people in other times and places did not try to explain the world
- (b)　when you go out of your room, you should turn off your light
- (c)　you are using rational thinking when you check to see if neighborhood lights are also out
- (d)　an example of superstition is when you look to see if your light is on after a power outage

(2)　According to paragraph 3, ＿＿＿.
- (a)　botany is the study of the stars, plants and floating things
- (b)　the ancient Greeks believed that our rotating planet explained

本冊／解答・解説編

問題番号・タイトル　　出典大学・学部　テーマ　　音声トラック番号　　この英文のポイント

テーマ 歴史・人類 文明・風俗
中央大(理工)　01-06

「科学の歴史とさまざまな見解」

設問解答

解答 問題編▶別冊 p.8　空所解説▶p.16

(1)(c) (2)(b) (3)(d) (4)(d) (5)(a)

問題英文

読解の重要ポイント 青字／テーマに関連するキーワード

[1] ①"When a light goes out in your room, you ask, "How did that happen?" ②You might check to see if the lamp is plugged in or if the bulb is burned out, or you might look at homes in your neighborhood to see if there has been a power outage. ③When you think and act like this, you are searching for *cause-and-effect* relationships — trying to find out what events cause what results.

▶ 図解の変更ポイント
③私たちは日常的に合理的
思考をしているが，それは
科学の基礎であると述べて
いる。

キーワード
③ cause-and-effect
relationship 「因果関係」
④ rational thinking 「合理
的思考」

この英文のポイント

科学の歴史を振り返ると，そこにはさまざまな見解が存在してきたことがわかる。中には，世の中の考え方に大きな影響を与えた見解もあり，天動説やコペルニクスが主張した地動説，宗教的な創造論やダーウィンの進化論は代表的な例である。この文章では，科学的発見について，この他にもさまざまな例を紹介している。時系列に着目しながら読み進めてほしい。

全文訳　　　　　　　　　　　　　　　**語句**

[1] ①合理的な思考は科学の基礎である
①自分の部屋の電気が消えたら，「どうしたのだろう？」とあなたは問う。
②ランプのコンセントが入っているかどうかや電球が切れているかどうかを確認するかもしれないし，停電していないかどうかを確かめようと近所の家に目を向けるかもしれない。
③このように考えて行動するとき，あなたは因果関係を探

① go out 「(火や明かりが) 消える」
② see if S V ... 「～かどうかを確認する」
plug in 「～をコンセントにつなぐ」
bulb 「電球」
power outage 「停電」
② search for ～ 「～を探す」
cause-and-effect relationship 「因果関係」

設問解答

問題英文
網かけは段落の要旨を理解するための
「読解の重要ポイント」，青字は英文の
「テーマに関連するキーワード」です。丸
数字は文番号を表します。

読解の重要ポイントと
キーワードの意味を示
し，段落の要点がわか
るようにしています。

全文訳
青字は段落の主旨や役割
を簡潔にまとめたもので
す。文章の展開を把握す
るのに役立ててください。
丸数字は英文に対応する
文番号を表します。

各段落中の注意すべ
き語句・表現です。

5

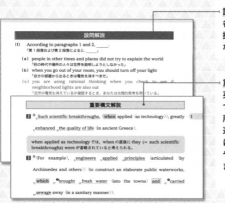

設問解説

各選択肢の日本語訳（正解選択肢は青字），正解の根拠はもちろん，正解以外の選択肢が誤りである理由などについても1つずつ詳しく解説しています。

重要構文解説

英文中で構文的につまずきやすい箇所について，文構造をビジュアル的に示して，わかりやすく解説しています。

[ ]	……名詞句・名詞節
⟨ ⟩	……形容詞句・形容詞節
〈 〉	……副詞句・副詞節
S V O C	……主節の要素
S' V' O' C'	……従属節の要素
❶, ❷, ❸	…並列関係にある要素
	…従位接続詞，関係詞，疑問詞
	…等位接続詞，強調構文

背景知識

「基本の知識」「入試の出題傾向」「文章の展開と読み方」という3つの角度から解説しています。頻出テーマに関する知識だけでなく，入試の傾向をつかむことで，テーマに応じた読み方のヒントを得ることができます。

キーワード

頻出テーマのキーワードをまとめて学習できます。各キーワードについての詳しい説明もあり，長文読解に役立つ視点からキーワードについての知識を体系的に学習することができます。

音声の利用方法

2次元コードから聞く方法

各ページの2次元コードをスマートフォン・タブレットで読み込んで，音声を再生することができます。

ウェブサイトで聞く方法

1　パソコンからインターネットで専用サイトにアクセス
（右の2次元コードから読み込めます）
https://service.obunsha.co.jp/tokuten/plus/

2　「頻出テーマ10」を選択

3　パスワード「**theme10**」をすべて半角英数字で入力し，音声ファイルをダウンロード（またはウェブ上で再生）

注意　［ダウンロードについて］

🔊 音声ファイルはMP3形式です。ZIP形式で圧縮されていますので，解凍（展開）して，MP3を再生できるデジタルオーディオプレーヤーなどでご活用ください。解凍（展開）せずに利用されると，ご使用の機器やソフトウェアにファイルが認識されないことがあります。デジタルオーディオプレーヤーなどの機器への音声ファイルの転送方法は，各製品の取扱説明書などをご覧ください。

🔊 スマートフォンやタブレットでは音声ファイルをダウンロードできません。

🔊 音声を再生する際の通信料にご注意ください。

🔊 ご使用機器，音声再生ソフトなどに関する技術的なご質問は，ハードメーカーもしくはソフトメーカーにお願いします。

🔊 本サービスは予告なく終了することがあります。

公式アプリ「英語の友」(iOS / Android)で聞く方法

1　「英語の友」公式サイトより，アプリをインストール
（「英語の友」で検索するか，右の2次元コードから読み込めます）
https://eigonotomo.com/

2　ライブラリより『英語長文プラス 頻出テーマ10トレーニング問題集』を選び，「追加」ボタンをタップ

3　上と同じパスワードを入力して，音声をダウンロード

注意

🔊 本アプリの機能の一部は有料ですが，本書の音声は無料でお聞きいただけます。

🔊 アプリの詳しいご利用方法は「英語の友」公式サイト，あるいはアプリ内のヘルプをご参照ください。

🔊 本サービスは予告なく終了することがあります。

テーマ 歴史・人類・文明・風俗
中央大（理工）

「科学の歴史とさまざまな見解」

01~04

解答 問題 ▶ 別冊 p.8   設問解説 ▶ p.16

(1)(c) (2)(b) (3)(d) (4)(d) (5)(a)

問題英文

　：読解の重要ポイント　　青字：テーマに関連するキーワード

1 ①When a light goes out in your room, you ask, "How did that happen?" ②You might check to see if the lamp is plugged in or if the bulb is burned out, or you might look at homes in your neighborhood to see if there has been a power outage. ③When you think and act like this, you are searching for *cause-and-effect* relationships — trying to find out what events cause what results. ④This type of thinking is rational thinking, applied to the physical world. ⑤It is basic to science.

2 ①Today, we use rational thinking so much that it's hard to imagine other ways of interpreting our experiences. ②But it wasn't always this way. ③In other times and places, people relied heavily on superstition and magic to interpret the world around them. ④They were unable to analyze the physical world in terms of physical causes and effects.

1

✓ **読解の重要ポイント**
④⑤ 私たちは日常的に合理的思考をしているが、それは科学の基礎であると述べている。

🔑 **キーワード**
③ cause-and-effect relationship「因果関係」
④ rational thinking「合理的思考」

2

✓ **読解の重要ポイント**
②③ 合理的思考は常にあったわけではなく、時代や場所によっては、迷信や魔法に頼っていたと述べている。

🔑 **キーワード**
④ cause and effect「因果，原因と結果」

この英文のポイント

科学の歴史を振り返ると，そこにはさまざまな見解が存在してきたことがわかる。中には，世の中の考え方に大きな影響を与えた見解もあり，天動説やコペルニクスが主張した地動説，宗教的な創造論やダーウィンの進化論は代表的な例である。この文章では，科学的発見について，この他にもさまざまな例を紹介している。時系列に着目しながら読み進めてほしい。

全文訳

1 ▶▶合理的思考は科学の基礎である

①自分の部屋の電気が消えたら，「どうしたのだろう？」とあなたは問う。

②ランプのコンセントが入っているかどうかや電球が切れているかどうかを確認するかもしれないし，停電していないかどうかを確かめようと近所の家に目を向けるかもしれない。

③このように考えて行動するとき，あなたは因果関係を探っていることになる。つまり，どのような出来事がどのような結果を引き起こすのかを解明しようとしているのだ。

④この種の思考は合理的思考であり，物理の世界に適用される。

⑤それは科学の基礎である。

2 ▶▶今日の私たちは日常的に合理的思考を用いているが，過去には迷信や魔法に依存していたこともあった

①今日，私たちは合理的思考をとてもよく用いるため，自らの経験を解釈する他の方法を想像することは難しい。

②しかし，常にこうであったわけではない。

③別の時代や場所では，人々は自分たちの周りの世界を解釈するために，迷信や魔法に大きく依存していた。

④彼らは物理的な原因と結果という観点から物理の世界を分析することができなかったのだ。

語句

1
① go out「(火や明かりが)消える」
② see if S V ...「…かどうかを確認する」
　plug　in「〜をコンセントにつなぐ」
　bulb「電球」
　power outage「停電」
③ search for 〜「〜を探す」
　cause-and-effect relationship「因果関係」
④ rational thinking「合理的思考」
　apply A to B「A を B に適用する」
　physical「物理の，物理的な」

2
① interpret「〜を解釈する」
③ rely on 〜「〜に依存する，〜に頼る」
④ analyze「〜を分析する」
　in terms of 〜「〜の観点から」

3 ①The ancient Greeks used logic and rational thought in a systematic way to investigate the world around them and make many scientific discoveries. ②They learned that Earth is round and determined its circumference. ③They discovered why things float and suggested that the apparent motion of the stars throughout the night is due to the rotation of Earth. ④The ancient Greeks founded the science of botany — the systematic study and classification of plants — and even proposed an early version of the principle of natural selection. ⑤Such scientific breakthroughs, when applied as technology, greatly enhanced the quality of life in ancient Greece. ⑥For example, engineers applied principles articulated by Archimedes and others to construct an elaborate public waterworks, which brought fresh water into the towns and carried sewage away in a sanitary manner.

4 ①When the Romans conquered ancient Greece, they adopted much of Greek culture, including the scientific mode of inquiry, and spread it throughout the Roman Empire. ②When the Roman Empire fell in the 5th century AD, advancements in science came to a halt in Europe. ③Nomadic tribes destroyed much in their paths as they conquered Europe and brought in the Dark Ages. ④While religion held sway in Europe, science continued to advance in other parts of the world.

3

✅ 読解の重要ポイント

① 古代ギリシャ人は多くの科学的発見をしたと述べている。

🔑 キーワード

① logic thought「論理的思考」
① rational thought「合理的思考」
③ the rotation of Earth「地球の自転」
④ natural selection「自然選択, 自然淘汰」

4

✅ 読解の重要ポイント

①②④ ローマ帝国は古代ギリシャの科学的探究の手法を採用したが, ローマ帝国が滅亡するとヨーロッパの科学の進歩は止まり, 世界の他の地域で科学は進歩し続けたと述べている。

🔑 キーワード

④ religion「宗教」

3 ▶▶古代ギリシャ人は多くの科学的発見をした

①古代ギリシャ人は，論理的思考と合理的思考を体系的に用いて周囲の世界を調査し，多くの科学的発見をした。

②彼らは地球が丸いことを知り，その円周を割り出した。

③彼らはなぜ物が浮かぶのかを突き止め，一晩中星が動いているように見えるのは地球の自転によるものであることを示唆した。

④古代ギリシャ人は，植物学——植物の体系的研究および分類——を確立し，初期版の自然選択の原理を提唱しさえした。

⑤このような科学的大発見は，科学技術として応用されると，古代ギリシャの生活の質を大きく向上させた。

⑥例えば，エンジニアたちはアルキメデスなどによって明確に示された原理を応用して，精巧な公共の水道設備を建設した。それにより町に新鮮な水がもたらされ，汚水が衛生的に排出された。

4 ▶▶紀元5世紀にヨーロッパにおける科学の進歩は一時的に止まったが，他の地域では科学が進歩し続けた

①ローマ人が古代ギリシャを征服すると，彼らは科学的探究の手法を含むギリシャ文化の大部分を採り入れ，それをローマ帝国全体に広めた。

②ローマ帝国が紀元5世紀に滅亡すると，ヨーロッパにおける科学の進歩は止まった。

③遊牧民はヨーロッパを征服する過程で，行く先々にある多くのものを破壊し，暗黒時代をもたらした。

④ヨーロッパでは宗教が大きな影響力を持っていたが，世界の他の地域では科学が進歩し続けた。

3

① systematic「体系的な」
investigate「～を調査する」

② determine「～を決定する，～を割り出す」

③ apparent「見かけの，一見～らしい」
rotation「回転」

④ found「～の基礎を築く，～を設立する」
botany「植物学」
classification「分類」
propose「～を提案[提唱]する」
version「バージョン，版」
natural selection「自然選択，自然淘汰」

⑤ breakthrough「画期的な進歩，大発見」
enhance「～を強化する，～を向上させる」

⑥ articulate「～を明確に述べる」
construct「～を建設する，～を構築する」
elaborate「精巧な」
waterworks「上水道，水道設備」
sewage「下水，汚水」

4

① conquer「～を征服する」
adopt「～を採用する，～を採り入れる」
inquiry「探究」

② advancement「進歩」
come to a halt「停止する，止まる」

③ tribe「部族，種族」

④ hold sway「影響力を持つ」

5 ①The Chinese and Polynesians were charting the stars and the planets. ②Arab nations developed mathematics and learned to make glass, paper, metals, and certain chemicals. ③Finally, during the 10th through 12th centuries, Islamic people brought the spirit of scientific inquiry back into Europe when they entered Spain. ④Then universities sprang up. ⑤When the printing press was invented by Johannes Gutenberg in the 15th century, science made a great leap forward. ⑥People were able to communicate easily with one another across great distances. ⑦The printing press did much to advance scientific thought, just as computers and the Internet are doing today.

6 ①Up until the 16th century, most people thought Earth was the center of the universe. ②They thought that the Sun circled the stationary Earth. ③This thinking was challenged when the Polish astronomer Nicolaus Copernicus quietly published a book proposing that the Sun is stationary, and Earth revolves around it. ④These ideas conflicted with the powerful institution of the Church and were banned for 200 years.

5

✓ 読解の重要ポイント

③ 10世紀から12世紀にかけてヨーロッパに科学的探究の精神が戻ったと述べている。

🔑 キーワード

⑤⑦ printing press「印刷機」
⑦ scientific thought「科学的思考」

6

✓ 読解の重要ポイント

①④ 16世紀までは天動説が主流であり，コペルニクスの地動説は教会制度と相容れずに禁止されたと述べている。

🔑 キーワード

②③ stationary「静止した，動かない」
③ challenge「〜に異議を唱える」

5 ▶▶ しばらくはヨーロッパ以外の地域での科学的発見が続いたが，10世紀以降にはヨーロッパでも科学が再び進歩し始めた

①中国人とポリネシア人は，恒星と惑星を図にしていた。

②アラブ諸国は数学を発達させ，ガラス，紙，金属，特定の化学物質を作ることができるようになった。

③ようやく，10世紀から12世紀にかけて，イスラムの人々がスペインに入り，科学的探究の精神をヨーロッパに取り戻した。

④そして，大学が誕生した。

⑤15世紀にヨハネス・グーテンベルクによって印刷機が発明されると，科学は大きく飛躍した。

⑥遠く離れた人同士が簡単に意思疎通できるようになった。

⑦今日のコンピューターやインターネットと同じように，印刷機は科学的思考を進歩させるうえで大きな役割を果たしたのである。

6 ▶▶ 16世紀までは天動説(地球中心説)が主流であった

①16世紀まで，ほとんどの人は地球が宇宙の中心であると考えていた。

②太陽が静止している地球の周りを回っていると考えていたのだ。

③この考えは，太陽は動いておらず地球がその周りを回っているという説を打ち出した本をポーランドの天文学者ニコラウス・コペルニクスがひそかに出版したときに批判された。

④こうした考え方は強力な教会制度と相容れず，200年間禁止された。

5
① chart「～を図にする」
④ spring up「生じる，現れる」
⑤ printing press「印刷機」
　invent「～を発明する」
　leap「飛躍」

6
② circle「～の周りを回る」
　stationary「静止した，動かない」
③ challenge「～に異議を唱える」
　Polish「ポーランドの」
　astronomer「天文学者」
　revolve「回る，回転する」
④ conflict with ～「～と対立する，相容れない」
　institution「制度」
　ban「～を禁止する」

7 ①Modern science began in the 17th century, when the Italian physicist Galileo Galilei revived the Copernican view. ②Galileo used experiments, rather than speculation, to study nature's behavior. ③Galileo was arrested for popularizing the Copernican theory and for his other contributions to scientific thought. ④But, a century later, his ideas and those of Copernicus were accepted by most educated people.

8 ①Scientific discoveries are often opposed, especially if they conflict with what people want to believe. ②In the early 1800s, geologists were condemned because their findings differed from religious accounts of creation. ③Later in the same century, geology was accepted, but theories of evolution were condemned. ④Every age has had its intellectual rebels who have been persecuted, condemned, or suppressed but then later regarded as harmless and even essential to the advancement of civilization and the elevation of the human condition.

7

✅ 読解の重要ポイント

① 近代科学は，17世紀に地動説が復活したときに始まったと述べている。

🔖 キーワード

② experiment「実験」
② speculation「思索，推論」
③ Copernican theory「コペルニクスの説（地動説）」

8

✅ 読解の重要ポイント

①④ 科学的発見は，なかなか受け入れられずに非難されることも多いが，後に評価されることもあると述べている。

🔖 キーワード

② creation「創造（論）」
③ theory of evolution「進化論」

7 ▶▶近代科学は，17世紀にコペルニクスの見解である地動説（太陽中心説）が復活したときに始まった

①近代科学は，17世紀にイタリアの物理学者ガリレオ・ガリレイがコペルニクスの見解を復活させたときに始まった。

②ガリレオは思索ではなく実験を用いて，自然の作用を研究した。

③ガリレオはコペルニクスの説を広めたことや科学的思考へのその他の貢献を理由に逮捕された。

④しかし，1世紀後，彼の考えとコペルニクスの考えはほとんどの教養ある人々に受け入れられた。

8 ▶▶科学的発見は，なかなか受け入れられずに非難されることも多いが，後に評価されることもある

①科学的発見は，特に人々が信じたいものと相容れない場合，しばしば反論を受ける。

②1800年代初頭，地質学者たちはその研究結果が創造論という宗教的な説明と異なるために非難された。

③同世紀の後半には，地質学は受け入れられたものの，進化論は非難された。

④どの時代にも，迫害され，非難され，抑圧される知的反逆者が存在したが，後に，害がなく，文明の進歩や人間のありようの向上のため不可欠であるとさえみなされるようになった。

7
① physicist「物理学者」
　revive「～を復活させる」
② speculation「思索，推論」
③ arrest「～を逮捕する」
　popularize「～を普及させる，～を広める」
　contribution to ～「～への貢献」
④ accept「～を受け入れる」
　educated「教育を受けた，教養のある」

8
① oppose「～に反対する」
② geologist「地質学者」
　condemn「～を非難する」
　account「説明」
　creation「創造（論）」
③ geology「地質学」
　evolution「進化」
④ intellectual「知的な」
　rebel「反逆者」
　persecute「～を迫害する」
　suppress「～を抑圧する」
　regard A as B「AをBとみなす」
　essential to ～「～にとって不可欠な」
　civilization「文明」
　elevation「向上，高めること」

1

(1) According to paragraphs 1 and 2, _____.
「第1段落および第2段落によると，_____」

- **(a)** people in other times and places did not try to explain the world
  「別の時代や場所の人々は世界を説明しようとしなかった」

- **(b)** when you go out of your room, you should turn off your light
  「自分の部屋から出るときは電気を消すべきだ」

- **(c)** you are using rational thinking when you check to see if neighborhood lights are also out
  「近所の電気も消えているか確認するとき，あなたは合理的思考を用いている」

- **(d)** an example of superstition is when you look to see if your light is on after a power outage
  「迷信の一例は，停電のあとに電気がついているかどうかを確認するときである」

解説 パラグラフの要点をつかむ力，内容を正確に把握する力が求められている。このような問題は，選択肢の記述を本文の記述と細かく照らし合わせるという方法だけでは解くことが難しい。日頃の学習から「各パラグラフのトピック（各パラグラフを一言で言うと何か）」を意識しながら読むことで，素早く正確に内容を把握する力を身に付けてほしい。**1**は「合理的思考は科学の基礎である」こと，**2**は「今日の私たちは日常的に合理的思考を用いているが，過去には迷信や魔法に依存していたこともあった」ことについて述べられている。**1**①～④より，自分の部屋の電気が消えたときに，もしもその因果関係を探るような行動（停電により，近所の家の電気も消えているのでないかと確かめるような行動）をとったならば，それは合理的思考を用いていることになるとわかるため，**(c)** が正解。**(a)** は**2**③に「別の時代や場所では，人々は自分たちの周りの世界を解釈するために，迷信や魔法に大きく依存していた」という記述はあるものの，「世界を説明しようとしなかった」とは述べられていないため，誤り。**(b)**，**(d)** は本文に記述がないため，誤り。in other times and places「別の時代や場所では」，superstition「迷信」，power outage「停電」といった第1段落および第2段落に登場する語句を使った誤りの選択肢に注意しよう。

(2) According to paragraph 3, _____.「第3段落によると，_____」

- **(a)** botany is the study of the stars, plants and floating things
  「植物学は，星，植物，浮遊物についての研究である」

- **(b)** the ancient Greeks believed that our rotating planet explained why stars moved across the night skies
  「古代ギリシャ人は，地球が自転していることは星が夜空を横切る理由の説明になると信じていた」

- **(c)** an elaborately clean system allowed sewage into town while taking clean water out
  「非常に清潔なシステムにより，きれいな水を排出する一方，汚水が町に流れ込んだ」

（d） scientific breakthroughs hardly benefitted people in ancient Greece
「古代ギリシャでは，科学的大発見が人々に恩恵を与えることはほとんどなかった」

解説　パラグラフの要点をつかむ力，内容を正確に把握する力が求められている。**3**は「古代ギリシャ人が多くの科学的発見をした」ことについて述べられている。**3**③「彼ら（ギリシャ人）はなぜ物が浮かぶのかを突き止め，一晩中星が動いているように見えるのは地球の自転によるものであることを示唆した」より，これと同じ内容を述べた**（b）**が正解。**（a）**は**3**④に「植物学——植物の体系的研究および分類——」という記述はあるものの，植物学が星や浮遊物についての研究であるという記述はないため，誤り。**（c）**は**3**⑥の「それ（精巧な公共の水道設備）により町に新鮮な水がもたらされ，汚水が衛生的に排出された」という記述より，町に入ってきたのがきれいな水であり，町から排出されたのが汚水であることがわかるため，誤り。**（d）**は**3**⑤，⑥より，古代ギリシャ人の科学的大発見が，古代ギリシャの人々にさまざまな恩恵を与えたことがわかるため，誤り。

(3)　According to paragraphs 4 and 5, _____.
「第 4 段落および第 5 段落によると，_____」

（a） the Greeks adopted Roman culture after conquering them
「ギリシャ人たちは，征服後にローマの文化を採り入れた」

（b） scientific advancement continued to spread across Europe when nomadic tribes conquered Europe
「遊牧民がヨーロッパを征服したとき，科学の進歩はヨーロッパ全体に広まり続けた」

（c） the Dark Ages destroyed advances in science across the globe
「暗黒時代は世界中の科学の進歩を破壊した」

（d） what Gutenberg's invention did for Europe in the 1400s is equivalent to what computer networks do for us today
「グーテンベルクの発明が 1400 年代のヨーロッパにもたらしたものは，コンピューターネットワークが今日の私たちにもたらしているものと同等である」

解説　パラグラフの要点をつかむ力，内容を正確に把握する力が求められている。**4**は「紀元 5 世紀にヨーロッパにおける科学の進歩は一時的に止まったが，他の地域では科学が進歩し続けた」こと，**5**は「しばらくはヨーロッパ以外の地域での科学的発見が続いたが，10 世紀以降にはヨーロッパでも科学が再び進歩し始めた」ことについて述べられている。**5**⑤〜⑦より，グーテンベルクによって 15 世紀（1400 年代）に発明された印刷機は，今日のコンピューターやインターネットと同じように，科学的思考を進歩させるうえで大きな役割を果たしたことがわかるため，これと同じ内容を述べた**（d）**が正解。**（a）**は**4**①の「ローマ人が古代ギリシャを征服すると，彼らは科学的探究の手法を含むギリシャ文化の大部分を採り入れ，それをローマ帝国全体に広めた」という記述より，征服したのはギリシャ人ではなくローマ人であること，それによって採り入れられた文化はローマ文化ではなくギリシャ文化であることがわかるため，誤り。**（b）**は**4**②〜④に反し，誤り。**（c）**は本文に記述がないため，誤り。

(4) According to paragraphs 6 and 7, _____.
「第 6 段落および第 7 段落によると, _____」

- **(a)** Copernicus suggested that Earth was orbited by the Sun
  「コペルニクスは地球の周りを太陽が回っていると説いた」
- **(b)** the Church's 16th century beliefs were banned for 200 years
  「16 世紀の教会の信仰は 200 年間禁止された」
- **(c)** Galileo was arrested for popularizing the theory that the Sun circled Earth
  「ガリレオは太陽が地球の周りを回っているという説を広めたことで逮捕された」
- **(d)** a majority of educated people eventually concluded that Copernicus was correct
  「教養のある人の大多数は最終的にコペルニクスが正しいと結論付けた」

解説　パラグラフの要点をつかむ力，内容を正確に把握する力が求められている。**6**は「16 世紀までは天動説(地球中心説)が主流であった」こと，**7**は「近代科学は，17 世紀にコペルニクスの見解である地動説(太陽中心説)が復活したときに始まった」ことについて述べられている。**7**④「しかし，1 世紀後，彼の考えとコペルニクスの考えはほとんどの教養ある人々に受け入れられた」より，これと同じ内容を述べた(**d**)が正解。(**a**)は**6**③に反し，誤り。(**b**)は**6**④の「こうした考え方(地動説)は強力な教会制度と相容れず，200 年間禁止された」という記述より，200 年間禁止されたのは教会の信仰ではなく，教会と相容れない考え方であった地動説であることがわかるため，誤り。(**c**)は**7**③の「ガリレオはコペルニクスの説を広めたことや科学的思考へのその他の貢献を理由に逮捕された」という記述より，ガリレオは，太陽が地球の周りを回っているという説ではなく，コペルニクスの説(地球が太陽の周りを回っているという説)を広めたことにより逮捕されたことがわかるため，誤り。

(5) According to paragraph 8, _____.「第 8 段落によると, _____」

- **(a)** what we condemn as harmful, we might celebrate later as a breakthrough
  「有害だと非難しているものを，私たちは後に大発見として称賛することがある」
- **(b)** religious ideas of creation strongly supported the findings of early geologists
  「宗教的な創造論は初期の地質学者の研究結果を強く支持した」
- **(c)** you can be an intellectual rebel at any age because as you grow older you will be harmless
  「年を重ねるにつれて無害になるため，何歳になっても人は知的反逆者になることができる」
- **(d)** what people believe conflicts with what they want to believe
  「人々が信じていることは，彼らが信じたいことと相反する」

パラグラフの要点をつかむ力，内容を正確に把握する力が求められている。**8**のトピックは「科学的発見は，なかなか受け入れられずに非難されることも多いが，後に評価されることもある」ということである。この第8段落全体の要旨と同じ内容を述べた（**a**）が正解。（**b**），（**c**），（**d**）は本文に記述がないため，誤り。findings「研究結果」，geologists「地質学者」，intellectual rebel「知的反逆者」，what they want to believe「彼らが信じたいこと」（本文では，what people want to believe）といった第8段落に登場する語句を使った誤りの選択肢に注意しよう。

重要構文解説

3 (5) ₛSuch scientific breakthroughs, ⟨when applied ⟨as technology⟩⟩, greatly ᵥenhanced ₒthe quality of life ⟨in ancient Greece⟩.   **1**

> when applied as technology では，when の直後に they (= such scientific breakthroughs) were が省略されていると考えられる。

3 (6) ⟨For example⟩, ₛengineers ᵥapplied ₒprinciples (articulated ⟨by Archimedes and others⟩) ⟨to construct an elaborate public waterworks, ₛ'which ᵥ'❶brought ₒ'fresh water ⟨into the towns⟩ and ᵥ'❷carried ₒ'sewage away ⟨in a sanitary manner⟩⟩.

> articulated by Archimedes and others は，principles を修飾する過去分詞句。which brought ... sanitary manner は，先行詞 an elaborate public waterworks について補足説明をする非制限用法の関係代名詞節。

8 (4) ₛEvery age ᵥhas had ₒits intellectual rebels (ₛ'who ᵥ'have been ❶persecuted, ❷condemned, or ❸suppressed but then later ᵥ'regarded as ❶harmless and ❷even essential ⟨to the advancement ⟨of civilization⟩ and the elevation ⟨of the human condition⟩⟩).

> or によって persecuted と condemned と suppressed が結ばれている。また，これらと regarded が but によって結ばれている。さらに，and によって harmless と essential が結ばれている。

「科学の歴史」

基本の知識

　科学の歴史をひもとくと，それはさまざまな見解の歴史であることがわかります。長い歴史の間にはさまざまな見解が存在し，中には世の中の考え方に大きな影響を与えたものもあります。その代表例が，天動説と地動説です。天動説は，地球が宇宙の中心にあり，太陽やその他の惑星が地球の周りを回っているとする考え方です。紀元前の古代ギリシャで，エウドクソスやアリストテレスらに端を発したとされる天動説は，その後プトレマイオスによって体系付けられ，長い間，教会によって支持されてきました（紀元前の古代ギリシャにも地動説を唱えた者がいたとされています）。しかし，16世紀に入ると，コペルニクスによって地動説が唱えられました。地動説は，太陽が宇宙の中心にあり，地球が太陽の周りを回っているとする考え方です。ケプラーやガリレオ，ニュートンらの支持を受けた地動説は，やがて少しずつ受け入れられるようになりました。

　創造論と進化論も代表例の1つです。神や高次の存在が宇宙や生命を創造したとする創造論は，主に宗教的な立場から支持されてきました。一方で，1859年にダーウィンが『種の起源』を出版してからは，進化論が注目を集めるようになりました。その後，進化論は多くの人によって議論され，改良されていきました。このような流れの中で，進化論は自然科学や生物学などさまざまな学問に大きな影響を与えてきたと言えるでしょう。

入試の出題傾向

　科学の歴史をテーマにした文章は全国の大学入試問題で出題されています。多くは科学の歴史を紹介する内容ですが，その知識を前提とする文章も見られます。

類題出題歴 北海道大（2017），成蹊大（2019），成城大（2019）　など

文章の展開と読み方

　天動説と地動説や創造論と進化論，さまざまな科学的大発見など，前提の知識を持っていることは，文章の読みやすさにつながります。科学の歴史について書かれた文章では，これらに関連するキーワードを押さえておくことで文章がさらに読みやすくなるでしょう。

・キーワード 科学の歴史とさまざまな見解

□ observation	名 観察	
★ □ experiment	名 実験	
□ established fact	名 立証された事実	
□ hypothesis	名 仮説	
□ existing theory	名 既存の説	
★ □ challenge	動 ～に異議を唱える	
□ heliocentric theory	名 地動説(太陽中心説)	
	関連表現 Copernican theory 「コペルニクスの説(地動説)」	
□ geocentric theory	名 天動説(地球中心説)	
□ Copernican revolution	名 コペルニクス的転回	
★ □ creation	名 創造(論)	
★ □ evolution	名 進化(論)	

☞ 科学とは,「観察(observation)」や「実験(experiment)」といった一定の方法と一定の目的のもとに,さまざまな事象を研究する認識活動,また,その成果としての「立証された事実(established facts)」に基づく体系的知識のことを言います。科学者は,事実を集め,「仮説(hypothesis)」を立てて,観察と実験によりそれを立証します。新しく発見された事実が「既存の説(existing theory)」と相容れないときに,それに対して「異議を唱える(challenge)」ことで科学は進展します。

☞ コペルニクスが提唱し,ケプラーやガリレオらの支持を受けた「地動説(heliocentric theory)」は,「天動説(geocentric theory)」との対比で語られることの多いキーワードです。また,天動説と地動説のように,まるで視点が180度変わってしまうような,物事の見方の根本的な変化を「コペルニクス的転回(Copernican revolution)」と言うこともあります。これは,哲学者のカントが著書『純粋理性批判』の中で,自身の認識論上の立場を特徴付けた言葉とされています。

☞ 「創造論(creation)」と「進化論(evolution)」も対比の文脈で語られることの多いキーワードです。

NEXT » さらに広げる！「歴史・人類・文明・風俗」の重要キーワード

● 「歴史・人類・文明・風俗」に関連するキーワード

人類の起源と進化

音声 03

□ origin	名 起源，発端
□ anthropology	名 人類学
	関連表現 anthropologist 「人類学者」
□ archaeology	名 考古学
□ remains	名 遺跡，遺物
□ excavation	名 発掘
□ civilization	名 文明
□ paleontology	名 古生物学
□ fossil	名 化石
□ Homo Sapiens	名 現生人類（ホモ・サピエンス）
□ ancient people	名 古代人
□ Neanderthal	名 ネアンデルタール人
□ extinction	名 絶滅，消滅

☞ 人類の「起源（origin）」についてはさまざまな学問分野によって研究がなされています。「人類学（anthropology）」では，人類の進化や行動，社会や文化，生物学的な特徴などについて研究がなされています。また，「考古学（archaeology）」では，「遺跡（remains）」の「発掘（excavation）」や調査，分析などにより，古代の人類や「文明（civilization）」について調査がなされています。さらに，「古生物学（paleontology）」では，これまでに地球上に生息していた生物について，「化石（fossil）」の調査や分析を行うことで，生物の変遷について研究がなされています。さまざまな学問は，それぞれが関連し，補完し合い，人類の起源についての詳細を解明するために役立っています。

☞ 「現生人類（Homo Sapiens）」以前にも，さまざまな「古代人（ancient people）」が存在しました。中でもヨーロッパと西アジアで暮らした「ネアンデルタール人（Neanderthal）」は，一定の期間，現生人類と共存しており，その関わり合いについてはさまざまな説があります。ネアンデルタール人が「絶滅（extinction）」した原因については，病気や対立，気候変動などさまざまなものが考えられますが，依然としてはっきりとしたことはわかっていません。

異文化交流

音声 04

□ **globalization**	名 グローバリゼーション，グローバル化 関連表現 **internationalization**「国際化」
□ **cultural background**	名 文化的背景
□ **intercultural communication**	名 異文化コミュニケーション 関連表現 **cross-cultural interaction**「異文化交流」
□ **norm**	名 標準，規範
□ **stereotype**	名 固定観念，ステレオタイプ
□ **bias**	名 偏見
□ **prejudice / preconception**	名 先入観
□ **cultural identity**	名 文化的アイデンティティー
□ **adapt**	動 ～に適応する
□ **culture shock**	名 カルチャーショック
□ **honeymoon stage**	名 ハネムーン(蜜月)期
□ **hostile**	形 敵対的な，非友好的な

1

☞ 「グローバリゼーション(globalization)」の進展とともに，異なる「文化的背景(cultural background)」を持つ者の間での交流の機会が増えています。「異文化コミュニケーション (intercultural communication)」では，コミュニケーションがうまくいかないことも少なくありません。これは，自国の文化では「標準(norm)」とされる行動や考え方，「固定観念(stereotype)」などが，他の文化においてはそうでないことも多いからです。また，「偏見(bias)」や「先入観(prejudice / preconception)」などもコミュニケーションに大きな影響を与えます。異文化交流においては，相手の「文化的アイデンティティー(cultural identity)」を尊重することが重要です。

☞ 個人差はありますが，異なる文化に「適応する(adapt)」ときには「カルチャーショック(culture shock)」を受けることがあります。カルチャーショックは，一般に 4 段階に分けて説明されます。「ハネムーン期(honeymoon stage)」と呼ばれる第 1 段階では，目新しい文化に対してポジティブな気持ちを持ちます。第 2 段階では，文化や言語の違いから新しい環境に対するストレスがたまり始め，拒否反応を起こしたり，「敵対的な(hostile)」態度を取ることもあります。徐々に文化の違いを受け入れ始める第 3 段階を経て，第 4 段階では，これまで受け入れ難かったことにも慣れ，ほぼ完全に新しい環境に適応するとされています。

2 「アクティブ・ラーニングの長所と短所」

| 解答 | 問題 ▶ 別冊 p.12 | 設問解説 ▶ p.30 |

問1(a)　問2(c)　問3(d)　問4(a)　問5(b)

問題英文

■■■：読解の重要ポイント　　青字：テーマに関連するキーワード

1 ①"My father used to say, 'Don't raise your voice; *improve your argument*!'"

2 ①Nobel Peace Prize winner Desmond Tutu spoke these words during a lecture he gave in Johannesburg in 2004, emphasizing the importance of an active approach to debate and discussion. ②In particular, Tutu pointed out how the debate and discussion that had characterized the struggle for equality during apartheid in South Africa seemed to have disappeared. ③After apartheid, once they had risen to power, Black South Africans tended to expect everyone to agree with their opinions absolutely, with discussion neither expected nor allowed. ④Tutu thought this was completely the wrong way to present a viewpoint. ⑤Instead of just telling people what is right or good, he suggested, those in power must engage the people in public debate in order to create understanding and gain agreement.

1

✓ 読解の重要ポイント
① 「議論を改善しなさい」という表現で本文の方向性を示し，文章全体の導入をしている。

キーワード
① argument「議論」

2

✓ 読解の重要ポイント
① 「討論や議論に積極的に取り組むことの重要性」という本文全体のテーマを，前段落に続いて提示している。

キーワード
① active「積極的な」
①②⑤ debate「討論，ディベート」
①②③ discussion「議論」

この英文のポイント

大学での授業スタイルの1つにアクティブ・ラーニングがある。討論や議論への積極的な参加を通じて，学生の意欲が高まり，学習効果が向上するとされている。もっとも，アクティブ・ラーニングにも短所はある。それを考慮しつつ，アクティブ・ラーニングの活用法を読み取るのがこの文章のポイントである。アクティブ・ラーニングと講義形式の授業の対比に気づくことができれば読みやすいはずだ。

全文訳

語句

1 ▶▶「議論の改善の重要性」を示すエピソード

① 「私の父はよく言ったものだ『声を荒らげるな。議論を改善しなさい！』」

1
① raise「〜（声）を荒らげる」
improve「〜を改善する」
argument「議論」

2 ▶▶「討論・議論の重要性」を示すエピソード

① ノーベル平和賞受賞者のデズモンド・ツツ氏は，2004年にヨハネスブルクで行った講演中，このように述べ，討論や議論に積極的に取り組むことの重要性を強調した。

② 特に，アパルトヘイト下の南アフリカでは平等を求める闘いの特徴であった討論や議論が，いかに見られなくなってしまったように思えるかについてツツ氏は指摘した。

③ アパルトヘイトの後，いったん権力の座につくと，南アフリカの黒人たちは誰もが自分たちの意見に絶対的に同意することを求めるようになり，議論は期待されることもなければ，許されることもなかった。

④ ツツ氏は，これは完全に誤った見解の示し方であると考えた。

⑤ 何が正しいのか，何がよいのかを人々にただ伝えるのではなく，理解を生み出して同意を得るためには，権力者らが人々を公開の討論に参加させなければならないと彼は述べた。

2
① lecture「講演」
emphasize「〜を強調する」
active「積極的な」
approach「取り組み，方法」
debate「討論，ディベート」
discussion「議論」
② point out「〜を指摘する」
characterize「〜の特徴になっている」
struggle「闘い」
equality「平等」
disappear「消える」
③ once S V ...「いったん…すると」
power「政権，権力の座」
expect 〜 to do「〜が…することを期待する」
opinion「意見」
absolutely「絶対的に」
neither A nor B「AもBも〜ない」
④ present「〜を示す」
viewpoint「見解」
⑤ those in power「権力者」
engage 〜 in ...「〜を…に参加させる」
gain「〜を得る」
agreement「同意」

3 ①This idea of convincing people through logical argument rather than through power is relevant at university as well. ②In seminar courses especially, students are encouraged to actively participate in debate and discussion, not only among themselves but also with the teacher. ③One goal of this "active learning" is to provide students with opportunities to think about and talk about course material. ④Instead of being told what to think, students shape their own thinking through discussion in which opinions are respectfully challenged and debated. ⑤Students are encouraged to work with people. ⑥Furthermore, it is hoped that through this process students improve their logical and critical thinking skills. ⑦One additional benefit of students having to explain their thinking in detail is that teachers can better assess student learning. ⑧Even traditional lecture-style classes can benefit from the addition of active learning.

3

☑ 読解の重要ポイント

① 大学における議論の重要性について述べている。

③「アクティブ・ラーニング」というキーワードを出して，その目標について述べている。

④⑤⑥ アクティブ・ラーニングについて，学生にとっての長所を挙げている。

⑦ アクティブ・ラーニングについて，教師にとっての長所を挙げている。

🔑 キーワード

② seminar course「ゼミ形式の授業」

② actively「積極的に」

② participate in ～「～に参加する」

③⑧ active learning「アクティブ・ラーニング」

③ course material「講義資料」

④ challenge「～に異議を唱える」

④ debate「～について討論する」

⑥ logical thinking skill「論理的思考力」

⑥ critical thinking skill「批判的思考力」

⑧ lecture-style class「講義形式の授業」

3 ▶▶大学におけるアクティブ・ラーニングの重要性とその長所

①力ではなく論理的な議論によって人々を説得するこの考えは，大学においても重要だ。

②特にゼミ形式の授業において，学生は学生同士のみならず，教師との討論や議論に積極的に参加することが促される。

③この「アクティブ・ラーニング」の１つの目標が，講義資料について考え，話す機会を学生に提供することだ。

④何を考えるべきかを教えられるのではなく，意見が尊重されつつ異議を唱えられ，討論される議論を通じて，学生は自分の考えを形成する。

⑤学生は人と協働するよう促される。

⑥さらに，この過程を通じて，学生が論理的思考力や批判的思考力を高めることが期待される。

⑦学生が自らの考えについて詳しく説明しなければならないことのもう１つの利点は，教師が学生の学習をより適切に評価できることだ。

⑧従来の講義形式の授業であっても，アクティブ・ラーニングを付加することで恩恵を受けることができる。

3

① convince「～を説得する」
logical「論理的な」
A rather than *B*「B ではなく A」
relevant「重要な」

② seminar「ゼミ（形式）」
course「授業」
encourage ～ to *do*「～が…するよう促す」
not only *A* but also *B*「A だけでなく B も」

③ goal「目標」
active learning「アクティブ・ラーニング」
provide ～ with ...「～に…を与える」
opportunity「機会」
course material「講義資料」

④ shape「～を形成する」
respectfully「尊重して」
challenge「～に異議を唱える」
debate「～について討論する」

⑥ furthermore「さらに」
critical「批判的な」

⑦ in detail「詳しく」
assess「～を評価する」

⑧ traditional「従来の」
lecture-style「講義形式の」
benefit from ～「～から恩恵を受ける」
addition「付加，追加」

2

4 ①But there are some negative aspects to active learning. ②It can be very time consuming, especially when discussions go off topic, and there is no guarantee that learning goals will actually be achieved. ③There is also a risk that students might develop misunderstandings about the course material they are supposed to be studying. ④Despite these problems, when practiced effectively, active learning increases student participation, which can, in turn, increase student motivation. ⑤Students are far more likely to learn — taking in more new information and retaining it for much longer — if they are personally motivated to learn, rather than just wanting to pass the class. ⑥Consequently, teachers must plan well in order to find the best ways to personally motivate their students. ⑦In short, for active learning to be successful, students will need careful encouragement and guidance from the teacher on how to engage in debate and discussion.

5 ①No two students are alike, and no two sets of classes are alike. ②Therefore, teachers must make adjustments regularly to create learning environments that promote effective active learning. ③If teachers want students to improve their arguments, then teachers need to give students the best opportunities to practice shaping those arguments and challenging the arguments of others. ④Active learning provides such environments.

4

✓ 読解の重要ポイント

① アクティブ・ラーニングにも短所があると述べている。

④ 短所はあるものの，効果的に実践されればアクティブ・ラーニングは学生の参加を増やし，それが今度は学生の意欲を高めると述べている。

⑥⑦ アクティブ・ラーニングの成功には教師による学生への丁寧な促しと指導が必要であると述べている。

キーワード

④ participation「参加」

④ motivation「意欲」

⑤ be motivated to *do*「…するよう動機付けられている」

⑥ motivate「～のやる気を引き出す」

⑦ engage in ～「～に参加する」

5

✓ 読解の重要ポイント

② アクティブ・ラーニングを効果的なものにする学習環境を作り出すためには教師による定期的な調整が必要であると述べている。

4 ▶▶アクティブ・ラーニングの短所とアクティブ・ラーニング成功のカギ

①しかし，アクティブ・ラーニングにはいくつかのマイナスの側面もある。

②特に議論がトピックからそれてしまうと，とても時間がかかることがあり，また，学習目標が実際に達成される保証もない。

③さらに，学生が学習することになっている講義資料について，誤解が生じる恐れもある。

④こうした問題こそあるものの，効果的に実践されれば，アクティブ・ラーニングは学生の参加を増やし，それによって今度は学生の意欲を高めることができる。

⑤ただ授業の単位を取りたいと思っているときよりも，本人に学ぶ動機付けがあるときのほうが，学生ははるかに学びやすくなる——より多くの新しい知識を取り入れ，より長くそれを保持できる——。

⑥よって，学生自身のやる気を引き出す最善の方法を見つけるため，教師はうまく計画を立てなければならない。

⑦要するに，アクティブ・ラーニングが成功するには，討論や議論への参加の仕方について学生が教師から丁寧な促しと指導を受ける必要があるだろう。

5 ▶▶効果的なアクティブ・ラーニングのために教師がやるべきこと

①同じ学生は2人とおらず，同じ授業も2つとない。

②それゆえ，効果的なアクティブ・ラーニングを促進する学習環境を作り出すため，教師は定期的に調整をしなければならない。

③もし教師が学生に議論を改善してほしいと考えるならば，そうした議論を形成し，他者の議論に異議を唱えることを実践する最良の機会を教師が学生に与える必要がある。

④アクティブ・ラーニングはそのような環境を提供する。

4

① negative「マイナスの」
aspect「側面」
② time consuming「時間のかかる」
off topic「トピックからそれて」
guarantee「保証」
actually「実際に」
achieve「～を達成する」
③ risk「恐れ，危険」
misunderstanding「誤解」
be supposed to *do*「…することになっている」
④ practice「～を実践する」
effectively「効果的に」
in turn「今度は」
motivation「意欲」
⑤ take in ～「～を取り入れる」
retain「～を保持する」
be motivated to *do*「…するよう動機付けられている」
pass「～（試験など）に合格する，～（授業）の単位を得る」
⑥ consequently「したがって」
motivate「～のやる気を引き出す」
⑦ in short「要するに」
careful「丁寧な，注意深い」
encouragement「促し」
guidance「指導」
engage in ～「～に参加する」

5

① alike「同様の，似ている」
② adjustment「調整」
regularly「定期的に」
promote「～を促進する」

問1 What is the main point of the passage?
「この文章の要点は何か」

(a) Active learning helps students improve their argumentative skills.
「アクティブ・ラーニングは，学生が議論の能力を高めるのに役立つ」

(b) Active learning helps students understand the instructions of their teacher.
「アクティブ・ラーニングは，学生が教師の指示を理解するのに役立つ」

(c) Active learning is difficult to use in university classes.
「アクティブ・ラーニングは，大学の授業で使うのが難しい」

(d) Active learning prevents students from raising their voices.
「アクティブ・ラーニングは，学生が声を荒らげるのを防ぐ」

解説 本問では，文章全体の大まかな流れを読み取る力が問われている。**1**,**2**では「討論や議論に積極的に取り組むことの重要性」という本文全体の主旨が示され，**3**では大学におけるアクティブ・ラーニングの重要性とその長所を紹介している。また，**4**でアクティブ・ラーニングにも短所があることを紹介したあと，**5**ではアクティブ・ラーニングを効果的なものにするために教師がやるべきことを述べている。文章全体を通じて，「アクティブ・ラーニングの長所」が強調されており，学生の議論の能力が高まることは長所の1つであることがわかるため，**(a)**が正解。**(b)**，**(d)**は本文に記述がないため，誤り。**(c)**は**4**にアクティブ・ラーニングの短所が挙げられてはいるものの，文章全体を通しては短所よりも長所が強調されており，この文章の要点とは言えないため，誤り。understand「理解する」，university「大学」，raising their voices「声を荒らげる」といった本文に登場する語句を使った誤りの選択肢に注意しよう。

問2 The purpose of the passage is to _____.
「この文章の目的は，_____ことだ」

(a) convince teachers that students need personal motivation
「学生が個人的な動機付けを必要としていることを教師に納得させる」

(b) discuss South African education
「南アフリカの教育について議論する」

(c) explain active learning and how it is used in classes
「アクティブ・ラーニングとそれがどのように授業で使われるのかを説明する」

(d) teach students how to argue powerfully in every class
「あらゆる授業で力強く議論する方法を学生に教える」

解説 本問では，文章全体の大まかな流れを読み取る力が問われている。まずは，文章全体を通じて，「討論や議論の重要性」「アクティブ・ラーニングの長所と短所」「アクティブ・ラーニングを効果的なものにする方法」が述べられているという大まかな流れをつかもう。文章全体を通じて，「アクティブ・ラーニングの重要性」や「授業での効

果的な使用方法」が紹介されていることがわかるため，（**c**）が正解。（**a**）は❹⑤に「本
人に学ぶ動機付けがあるときのほうが，学生ははるかに学びやすくなる」，❹⑥に「学
生自身のやる気を引き出す最善の方法を見つけるため，教師はうまく計画を立てなけれ
ばならない」という記述はあるものの，「学生が個人的な動機付けを必要としているこ
とを教師に納得させる」という記述はないため，誤り。（**b**），（**d**）は本文に記述がない
ため，誤り。

問3 What can we infer from the passage?
「この文章から推測できることは何か」

(**a**) Active learning originated in South Africa.
「アクティブ・ラーニングは南アフリカで始まった」

(**b**) Desmond Tutu used active learning in lectures.
「デズモンド・ツツ氏は講演でアクティブ・ラーニングを使用した」

(**c**) The writer does not teach seminar and lecture-style classes.
「筆者はゼミ形式の授業や講義形式の授業を教えていない」

(**d**) The writer supports the use of active learning in classes.
「筆者は授業におけるアクティブ・ラーニングの活用を支持している」

解説　本問では，文章全体の大まかな流れを読み取る力が問われている。問1，問2の
解説でも述べた通り，この文章は全体を通じて，「討論や議論の重要性」「アクティブ・
ラーニングの長所と短所」「アクティブ・ラーニングを効果的なものにする方法」が述
べられている。文章全体を通じて，筆者が授業におけるアクティブ・ラーニングの活用
を支持していることがわかるため，（**d**）が正解。（**a**），（**b**），（**c**）は本文に記述がな
く，また，この文章から推測できる内容でもないため，誤り。　South Africa「南アフ
リカ」，lectures「講演」，seminar「ゼミ」，lecture-style classes「講義形式の授
業」といった本文に登場する語句を使った誤りの選択肢に注意しよう。

問4 According to the passage, which of the following is NOT a benefit of
active learning?
「この文章によると，アクティブ・ラーニングの利点でないものは，次のうちどれか」

(**a**) Highly motivated students do not need additional guidance.
「意欲的な学生には追加的な指導の必要がない」

(**b**) Students learn how to challenge the opinions of others.
「学生が他者の意見に異議を唱える方法を学ぶ」

(**c**) Teachers can better determine students' understanding of course
materials.
「教師が学生の講義資料の理解度をより適切に判断できる」

(**d**) The thinking of students becomes more logical and critical.
「学生の思考がより論理的で批判的になる」

文章全体を「パラグラフのトピック(各パラグラフを一言で言うと何か)」を意識しながら読むことで，素早く根拠となる箇所を見つけることができる。本問は benefit of active learning「アクティブ・ラーニングの利点」として正しくないものを選ぶ問題であるため，**3**〜**5**に根拠となる箇所があると予測できる。**4**⑦では，指導の必要性について，「アクティブ・ラーニングが成功するには，討論や議論への参加の仕方について学生が教師から丁寧な促しと指導を受ける必要があるだろう」と述べられているが，「意欲的な学生には追加的な指導の必要がない」という記述は本文中に見当たらない。よって，**(a)**が正解。**(b)**は，**3**④，**(c)**は**3**⑦，**(d)**は**3**⑥に合致するため，それぞれ誤り。

問5 One of the problems with active learning is that _____.
「アクティブ・ラーニングの問題点の１つは，_____ことだ」

(a) classes are never the same
「授業が同じにならない」

(b) discussions sometimes take up more time than planned
「予定より議論に時間がかかることがある」

(c) students need to learn how to engage in discussion with others
「学生が他者との議論に参加する方法を学ぶ必要がある」

(d) there is a struggle for equality
「平等を求める闘いがある」

各パラグラフのトピックを意識しながら読むことで，素早く根拠となる箇所を見つけよう。本問は One of the problems with active learning「アクティブ・ラーニングの問題点の１つ」を選ぶ問題であるため，「アクティブ・ラーニングの短所」について書かれている**4**に着目する。**4**②「議論がトピックからそれてしまうと，とても時間がかかることがあり」より，**(b)**が正解。アクティブ・ラーニングの短所としては，他にも「学習目標が実際に達成される保証がないこと(**4**②)」や「講義資料について誤解が生じる恐れがあること(**4**③)」が挙げられているが，**(a)**，**(c)**，**(d)**はいずれにも該当しない。how to engage「参加する方法」，struggle for equality「平等を求める闘い」といった本文に登場する語句を使った誤りの選択肢に注意しよう。

重要構文解説

2 ②〈In particular〉, ₛTutu ᵥpointed out ₒ[how ₛthe debate and discussion (ₛ.that ᵥ.had characterized ₒ.the struggle (for equality) 〈during apartheid (in South Africa)〉〉 ᵥseemed to have disappeared].

> how 節内の主語は the debate and discussion ... South Africa である。関係代名詞 that 節が長いため，主語を正確に把握するよう注意したい。

2 ③〈After apartheid〉, 〈once ₛ.they ᵥ.had risen to power〉, ₛBlack South Africans ᵥtended to expect ₒeveryone ₜₒ ᵥto agree with their opinions 〈absolutely〉, 〈with discussion neither expected nor allowed〉.

> with discussion neither expected nor allowed は付帯状況の with を用いた表現。with O C で「O が C の状態で」という意味を表し，discussion が O，neither expected nor allowed が C にあたる。neither A nor B「A も B も～ない」という表現が用いられており，「議論は期待されることもなければ，許されることもなく」という意味である。

3 ⑥Furthermore, 形式ₛit ᵥis hoped 真ₛ[that 〈through this process〉 ₛ.students ᵥ.improve ₒ.their logical and critical thinking skills].

> it は that ... skills を真主語とする形式主語。that 節内の主語は students であるが，through this process という前置詞句があるため，ややわかりにくくなっている。主語を正確に把握するよう注意したい。

4 ④〈Despite these problems〉, 〈when practiced effectively〉, ₛactive learning ᵥincreases ₒstudent participation, 〈ₛ.which ᵥ.can, 〈in turn〉, increase ₒ.student motivation〉.

> when practiced effectively は, when it (= active learning) is practiced effectively の it is が省略された形であると考えることができる。ここでは，「それ (アクティブ・ラーニング) が効果的に実践されると」という意味になる。

「アクティブ・ラーニング」

基本の知識

近年は，授業での学習の仕方が多様化しています。従来型の講義形式の授業では，教師が学生に対して一方通行的に知識を伝える傾向にありました。そのため，学生の学習姿勢はどうしても受動的なものになりがちでした。そのような従来の学習形態における短所を改善すべく提唱されたのが，アクティブ・ラーニングです。アクティブ・ラーニングは，「アクティブ（積極的な）」という名の通り，討論や議論を通じて学生が授業に積極的・能動的に参加する学習形態です。

アクティブ・ラーニングの長所は，討論や議論といった活動を通じて学生が論理的思考力・批判的思考力を養い，また，他者との協働を学べるところにあります。さらに，自ら責任をもって授業に積極的に参加することから，学習効果が高くなることも期待されています。

一方で，アクティブ・ラーニングの短所としては，議論がうまく進行できない場合に学習進度が遅れてしまい学習目標を達成できないこと，個性の差があるため，議論に参加できない学生が出てくる恐れなどが挙げられます。

入試の出題傾向

アクティブ・ラーニングをテーマにした文章は全国の大学入試問題で出題されています。多くの場合，アクティブ・ラーニングとはどういうものなのかを紹介する内容ですが，アクティブ・ラーニングについての知識を前提として，教育手法について語る文章も出題されています。

類題出題歴 川崎医科大（2017），福井大（2018），東京理科大（2019），名古屋大（2022），関西大（2022）　など

文章の展開と読み方

アクティブ・ラーニングの長所について説明する文章が多いため，「基本の知識」で確認した内容を頭の中に入れておくと，スムーズに読み進めることができるはずです。また，本問のように，アクティブ・ラーニングの短所についても踏み込んで説明し，アクティブ・ラーニングを効果的に使うことが重要であるとする展開も考えられます。

音声 06　　　　　　　　　　　　　　　　　※★は本文に出てきたキーワード

★	□ active learning	名 アクティブ・ラーニング
★	□ active	形 積極的な
★	□ participate in ～	動 ～に参加する
	□ responsibility	名 責任 関連表現 be responsible for ～「～に対して責任がある」
	□ problem-solving	形 問題解決の
★	□ argument	名 議論
★	□ discussion	名 議論
★	□ debate	名 討論，ディベート 動 ～について討論する
★	□ seminar course	名 ゼミ形式の授業
	□ presentation	名 発表，プレゼンテーション
★	□ lecture-style class	名 講義形式の授業
★	□ logical thinking skill	名 論理的思考力
★	□ critical thinking skill	名 批判的思考力

☞「アクティブ・ラーニング(active learning)」とは，学生が主体的かつ積極的に取り組む，学習の手法です。「積極的な(active)」態度で授業に「参加する(participate in ～)」など，自らが責任をもって問題解決に取り組む学習形態であることから，「責任(responsibility)」や「問題解決の(problem-solving)」といった語がキーワードとなります。

☞ argument / discussion / debate はいずれも「討論や議論」の一種で，アクティブ・ラーニングにおける問題解決の中心的な場となります。

☞「ゼミ形式の授業(seminar course)」は，比較的少人数で討論や「発表(presentation)」を行う形式の授業です。そのため，アクティブ・ラーニングが実践しやすいとされています。ゼミ形式の授業は，「講義形式の授業(lecture-style class)」との対比で用いられることもあります。

☞「論理的思考力(logical thinking skill)」と「批判的思考力(critical thinking skill)」は，いずれもアクティブ・ラーニングによって身に付けられるとされている技能です。学生が討論を通じて論理的に主張を組み立て，他の学生の意見に対して論理的に批判をする中で，これらの能力が得られます。

NEXT ≫ さらに広げる！「教育・学校・学問」の重要キーワード

●「教育・学校・学問」に関連するキーワード

教育の進化・多様化

音声 07

□ **flip teaching / flipped classroom**	名 反転授業
□ **streaming video**	名 ストリーミングビデオ
□ **online course**	名 オンライン授業
□ **ICT** (**Information and Communication Technology**)	名 **ICT**，情報通信技術 関連表現 **ICT tool**「ICT ツール」
□ **home education / homeschooling**	名 自宅学習

☞「反転授業(flip teaching / flipped classroom)」とは，アクティブ・ラーニングの前提となる知識についてはあらかじめ家庭学習の中で習得し，学校の授業では討論や議論などを中心とする学習に集中する学習スタイルのことです。

☞ 反転授業においては，「ストリーミングビデオ(streaming video)」や「オンライン授業(online course)」を通じて議論の前提となる知識を身に付けておくことが求められます。AI(人工知能)の導入や，スマートフォンやタブレットなどの「ICT ツール(ICT tool)」の活用が期待されています。

☞「自宅学習(home education / homeschooling)」とは，学校で教師が教える従来型の学習スタイルとは異なり，家庭で親や家庭教師が教える学習スタイルのことです。多くの国において合法とされ，盛んに行われている国もあります。home education を選択する理由は，宗教上のものや学生の個性の尊重など多岐にわたります。

教育問題—教育の機会と識字率

音声 08

□ **literate**	形 読み書きのできる 関連表現 **literacy**「読み書きができること」 **literacy rate**「識字率」
□ **illiterate**	形 読み書きのできない 関連表現 **illiteracy**「読み書きができないこと」
□ **access to education**	名 教育を受ける機会
□ **compulsory education**	名 義務教育

☞ ある国や地域における「読み書きのできる(literate)」人の割合を「識字率
(literacy rate)」と言います。「読み書きのできない(illiterate)」人の割合(非識字
率)が高いことは，その国や地域の発展にとっての障害になると考えられています。
そこで，発展途上国における識字率を上げるため，「教育を受ける機会(access
to education)」の向上策がとられています。「義務教育(compulsory
education)」の導入などにより，効果が出ている国もありますが，依然として識字
率が低い国もあります。一般論として，教育を受ける機会が国民に平等に与えられる
ことで，貧困や不平等といったさまざまな問題の解決につながる，という流れは押さ
えておきたいところです。

学問としての「科学」の捉え方

音声 09

□ **discipline / field**	图 (学問)領域
□ **pure science**	图 純粋科学
□ **applied science**	图 応用科学
□ **basic science**	图 基礎科学
□ **natural science**	图 自然科学
□ **philosophy**	图 哲学

☞ 学問にはさまざまな「領域 (discipline / field)」が存在しますが，科学は大きく
2種類に分けることができます。それは，「純粋科学(pure science)」と「応用科学
(applied science)」です。純粋科学は，「基礎科学(basic science)」とも呼ば
れます。純粋科学や基礎科学は，真理の探究を目的とするものです。大学などの研究
機関で行われる，知識の理論化・体系化を目的とする研究をイメージするとわかりや
すいでしょう。一方，応用科学は各分野の知識を実社会に役立たせることを目的とす
るものです。私たちの生活により直結するのは応用科学であるため，応用科学のほう
が「役に立つ」ものとして重視されることもあります。しかし，基礎科学があってこ
その応用科学です。人類の叡智は両者によって支えられているといっても過言ではあ
りません。英文ではこれらが対比的に用いられることも多いため，頭に入れておきま
しょう。

☞ 調査と発見によって実践される「自然科学(natural science)」と思索をもとに実践
される「哲学(philosophy)」もまた，対比的に用いられることが多く，その相違点
や類似点について語られます。このような対比構造を覚えておくことで，英文をスム
ーズに読み進めることができるはずです。

解答 | 問題 ▶ 別冊 p.16 | 設問解説 ▶ p.46

問1(b) 問2(c) 問3(a) 問4(b) 問5(a) 問6(c) 問7(a)

問題英文

■■■:読解の重要ポイント　青字:テーマに関連するキーワード

1 ①Strange as it may seem, there is no generally agreed-upon way to distinguish between a "language" and a "dialect." ②The two words are not objective terms, even among linguists. ③People often use the terms to mean different things. ④As used by many people, "language" is what "we" speak and "dialect" is the linguistic variety spoken by someone else, usually someone thought of as inferior. ⑤There is no linguistically objective difference between the two. ⑥In other contexts, "language" can mean the generally accepted "standard" or government and radio-broadcast language of a country, while "dialects" are versions that are used at home and vary from region to region.

2 ①Language varieties tend to be labeled "dialects" rather than "languages" for non-linguistic reasons, usually political or ideological. ②Often they are not written, or they are spoken by people who are not involved in government. ③They are generally regarded as being not as "good" as the standard language and consequently have little prestige. ④In short, the distinction is subjective. ⑤It depends on who you are and the perspective from which you judge the varieties.

1

✓ 読解の重要ポイント

① 言語と方言の区別という文章全体にわたるテーマを提起し、一般的に合意された区別の基準はないと述べている。

キーワード

①④⑥ language「言語，言語学」
①④⑥ dialect「方言」
②⑤ objective「客観的な」
②③ term「用語」
② linguist「言語学者」
④ linguistic「言語の，言語学上の」
④ variety「変種，種類」
⑤ linguistically「言語学的に見て，言語学上」
⑥ version「変種，種類」

2

✓ 読解の重要ポイント

④ 言語と方言の区別は主観的なものだと述べている。

キーワード

① non-linguistic「非言語的な」
① political「政治的な」
① ideological「イデオロギー上の」
③ standard language「標準語」
④ subjective「主観的な」

全世界には 7,000 を超える言語があるとされているが，それぞれの国や地域で，主に使われる言語とそうではない言語が存在する。こうした違いはどのようにして生まれるのか。このテーマは，大学入試において頻出である。客観的な区別の基準はなく，社会的・政治的に決定されるとするのがよくある文章の流れだ。この流れを念頭に置いておけば，スムーズに文章を読み進めることができるはずである。

全文訳

1 ▶▶言語学的に見て言語と方言に客観的な違いはない

①奇妙に思えるかもしれないが，「言語」と「方言」を区別する一般的に合意された方法はない。

②この 2 つの語は，言語学者の間でさえも客観的な用語ではない。

③人々はしばしばこれらの用語を異なる内容を表すために使用する。

④多くの人によって使われているように，「言語」は「私たち」が話すものであり，「方言」は他の誰か，たいていは劣っていると思われている人によって話される言語の変種である。

⑤この 2 つの間に言語学的に見て客観的な違いは存在しない。

⑥他の文脈では，「言語」は一般的に受け入れられた「標準」，すなわちある国の政府やラジオ放送の言語を意味することがあり，一方で「方言」は家庭で使われ，地域によって異なる変種である。

2 ▶▶言語と方言は主観的な理由で区別される

①非言語的な理由，たいていは政治的またはイデオロギー上の理由で，言語の変種は「言語」ではなく「方言」に分類される傾向にある。

②しばしばそれらは書き言葉として用いられず，政府と関わりのない人々によって話される。

③それらは一般に標準語ほど「優れた」ものではないとされ，その結果ほとんど威信がない。

④要するに，その区別は主観的なものなのだ。

⑤どのような人がどのような観点からその変種を判断するかに左右される。

語句

1
① agreed-upon「合意された」
  distinguish「区別する」
  dialect「方言」
② objective「客観的な」
  term「用語」
  linguist「言語学者」
④ variety「変種，種類」
  think of A as B「A を B と考える」
  inferior「劣っている」
⑤ linguistically「言語学的に見て，言語学上」
⑥ context「文脈，状況」
  version「変種，種類」
  vary「さまざまである」
  region「地域」

2
① label O C「O を C に分類する」
  A rather than B「B ではなく A」
  political「政治的な」
  ideological「イデオロギー上の」
③ regard A as B「A を B とみなす」
  standard language「標準語」
  prestige「威信，名声」
④ subjective「主観的な」
⑤ depend on ～「～による，～に左右される」
  perspective「観点」
  judge「～を判断する」

3 ①From a linguistic perspective, no dialect is inherently better than another, and thus no dialect is more deserving of the title "language" than any other dialect. ②A language can be seen as a group of related dialects. ③For example, the dominant position of the Parisian dialect in France is largely an accident of history. ④When the Count of Paris was elected king of France in the tenth century, the language of his court became the "standard" French language. ⑤Other related varieties were disdained, as were unrelated varieties, such as Basque in the southwest and Breton in the north. ⑥If things had gone differently, the dialect of another French city, such as Marseille or Dijon, might have become the national language of France.

4 ①Dialects can be *socially* determined, as Eliza Doolittle learned in *My Fair Lady*. ②In this play and film, an arrogant language professor claims that he can take a lower-class woman and make her presentable in high society. ③He succeeds, primarily by changing her speech.

5 ①Dialects can also be *politically* determined. ②The linguist Max Weinreich is often quoted as saying, "A language is a dialect with an army and a navy." ③His point was that politics often decides what will be called a "dialect" and what will be called a "language." ④Powerful or historically significant groups have "languages;" their smaller or weaker counterparts have "dialects."

3

☑ 読解の重要ポイント

②③ 言語は関連する方言の集合であり，パリ方言の歴史上の地位は偶然であると述べている。

🔑 キーワード

⑥ national language「国語」

4

☑ 読解の重要ポイント

① 方言は社会的に決定されることがあると述べている。

🔑 キーワード

③ speech「話し方，話し言葉」

5

☑ 読解の重要ポイント

① 方言は政治的に決定されることもあると述べている。

🔑 キーワード

① politically「政治的に」

3 ▶▶言語は関連する方言の集合であり，どの方言が支配的地位を得るかは偶然による

①言語学の観点からは，他の方言よりも本質的に優れている方言はなく，したがって他のいかなる方言よりも「言語」の肩書に値する方言のようなものはない。

②言語は関連した方言の集合であるとみなすことができる。

③例えば，フランスにおけるパリ方言の支配的地位は歴史の偶然によるところが大きい。

④10世紀にパリ伯がフランス王に選ばれたとき，彼の宮廷での言語が「標準」フランス語になった。

⑤他の関連した変種は，南西部のバスク語や北部のブルトン語といった関連していない変種と同様に軽視された。

⑥もし事情が異なっていれば，マルセイユやディジョンのような別のフランスの都市の方言がフランスの国語になっていたかもしれない。

4 ▶▶方言は「社会的」に決定されることがある

①イライザ・ドゥーリトルが『マイ・フェア・レディ』で学んだように，方言は「社会的」に決定されることがある。

②この演劇と映画の中で，ある傲慢な言語学の教授が，下層階級の女性を引き受けて上流社会で通用するようにできると主張する。

③彼は主に彼女の話し方を変えることで，それに成功する。

5 ▶▶方言は「政治的」に決定されることもある

①方言はまた，「政治的」に決定されることもある。

②言語学者マックス・ヴァインライヒは，「言語とは，陸軍と海軍を持つ方言のことである」と述べたとして，よく引き合いに出される。

③彼の主張の要点は，「方言」と呼ばれることになるものと「言語」と呼ばれることになるものは，しばしば政治が決定するということだ。

④強大で歴史的に重要な集団が「言語」を持ち，それよりも小さく弱い集団が「方言」を持つ。

3

① inherently「本質的に，もともと」
　deserving of 〜「〜に値する」
　title「肩書」
② see A as B「A を B とみなす」
　related「関連した」
③ dominant「支配的な，優勢な」
　largely「主に」
　accident「偶然」
④ elect O C「O を C に選ぶ」
　court「宮廷」
⑤ disdain「〜を見下す，〜を軽蔑する」
　unrelated「関連していない」

4

① determine「〜を決定する」
② arrogant「傲慢な」
　lower-class「下層階級の」
　presentable「通用する」
　high society「上流社会」
③ primarily「主に」

5

② quote「〜を引き合いに出す」
　army「陸軍」
　navy「海軍」
③ point「要点」
④ powerful「強大な, 権力をもった」
　significant「重要な」
　counterpart「それに相当するもの」

6 ①Sometimes what are languages and what are dialects can be *arbitrarily* determined by a person or a government — typically a person or organization endowed with the power to do so. ②In southern Africa, an early twentieth-century missionary created a language now known as "Tsonga" by declaring three separate languages to be dialects of a single tongue. ③Conversely, the government of South Africa created two languages by arbitrary declaration — Zulu and Xhosa — even though there is no clear linguistic boundary between them. ④In many parts of the world, dialects form what is called a "dialect continuum," where no two adjacent dialects are wildly different, but at the ends of the continuum the dialects are mutually unintelligible — speakers of one cannot understand speakers of the other.

7 ①Dialect differences are often relatively minor — sometimes just a matter of pronunciation or slight differences in vocabulary (Americans say "elevator" and "cookie;" the British say "lift" and "biscuit"). ②However, dialect differences are crucial to understanding George Bernard Shaw's famous joke that America and Britain are "two countries separated by a common language." ③But dialects can also differ so greatly from one another that they are mutually incomprehensible. ④German speakers from Cologne and German speakers from rural Bavaria can barely understand one another, if at all. ⑤Although the Swiss speak German as one of their national languages, few Germans can understand them when they speak their local dialects.

6

☑ 読解の重要ポイント

① 言語と方言は恣意的に決定されることもあると述べている。

キーワード

① arbitrarily「恣意的に」
② tongue「言語」
③ arbitrary「恣意的な」
④ mutually unintelligible「相互に理解不能な」

7

☑ 読解の重要ポイント

①③ 方言の違いは小さなものもあれば大きなものもあると述べている。

キーワード

① pronunciation「発音」
① vocabulary「語彙」
② common language「共通語」

6 ▶▶言語と方言は「恣意的」に決定されることもある

①時に言語とされるものや方言とされるものは，個人や政府，一般にそうする権限を付与された個人や組織によって「恣意的」に決定されることがある。

②南部アフリカでは，20世紀初頭の宣教師が，3つの別々の言語を1つの言語の方言であると宣言することで，現在「ツォンガ語」として知られる言語を生み出した。

③逆に，南アフリカ政府は，それらの間に明確な言語学上の境界線がないにもかかわらず，ズールー語とコサ語という2つの言語を恣意的な宣言により生み出した。

④世界中の多くの地域で，方言は「方言連続体」と呼ばれるものを形成している。方言連続体においては，隣り合う2つの方言が大きく異なることはないが，連続体の端では方言が相互に理解不能である。つまり，一方の話者はもう一方の話者の方言を理解できない。

6
① arbitrarily「恣意的に」
   endow *A* with *B*「AにBを付与する」
② missionary「宣教師」
   declare ～ to be ...「～が…だと宣言する」
   separate「別々の」
③ conversely「逆に」
   arbitrary「恣意的な」
   declaration「宣言」
   boundary「境界線」
④ continuum「連続体」
   adjacent「隣接した」
   mutually「相互に」
   unintelligible「理解不能な」

3

7 ▶▶方言の違いは小さなものもあれば大きなものもある

①方言の違いは比較的小さなものであることが多い。発音の問題や語彙のわずかな違いにすぎないこともある（アメリカ人は "elevator" や "cookie" と言い，イギリス人は "lift" や "biscuit" と言う）。

②しかしながら，方言の違いは，アメリカとイギリスは「共通の言語によって隔てられた2つの国」であるという，ジョージ・バーナード・ショーの有名なジョークを理解するうえで重要だ。

③一方で，方言はお互いに理解できないほど大きく異なることもある。

④ケルン出身のドイツ語話者と田舎のバイエルン出身のドイツ語話者は，たとえ理解できるとしてもお互いに言っていることがおぼろげにわかる程度である。

⑤スイス人は国語の1つとしてドイツ語を話すが，彼らが地元の方言を話すとき，理解できるドイツ人はほとんどいない。

7
① relatively「比較的」
   minor「小さい」
   matter「問題」
   pronunciation「発音」
   slight「わずかな」
   vocabulary「語彙」
③ incomprehensible「理解できない」
④ barely「ほとんど～ない」
   if at all「たとえしたとしても」

8 ①Thus, one of the tests people use to differentiate "language" from "dialect" is mutual intelligibility. ②In other words, many would say that people speak the same language, meaning dialects of the same language, if they understand each other without too much difficulty. ③If they don't understand one another, they are considered to be speaking different languages. ④That seems like a good rule. ⑤So why are Cologne German and Bavarian German, which are not mutually intelligible, not considered separate languages? ⑥Or why are Swedish and Norwegian considered separate languages, when Swedes and Norwegians have no trouble understanding one another?

9 ①Such questions become even more difficult when speakers of one dialect just don't want to understand speakers of another. ②One or both groups insist that they speak separate tongues, even though — judging by objective linguistic criteria — they are speaking mutually intelligible dialects of the same language.

10 ①It is easy to conclude from all this that the terms "dialect" and "language" have both political and social implications. ②You might want to ask yourself whether you speak a language or a dialect. ③It's a trick question, of course, because ultimately, all languages are dialects. ④You speak both at the same time.

8

✅ 読解の重要ポイント

①⑤⑥ 言語と方言の区別の基準として相互理解度を紹介しつつ，ドイツ語やスウェーデン語とノルウェー語を例に出して，相互理解度だけでは区別できないこともあると述べている。

🔑 キーワード

① mutual intelligibility
「相互理解度」
⑤ mutually intelligible
「相互に理解可能な」

9

✅ 読解の重要ポイント

① 相互に理解可能でも，理解したくない場合は厄介だと述べている。

10

✅ 読解の重要ポイント

③ すべての言語が方言であると述べている。

8 ▶▶言語と方言を区別するための基準の 1 つに相互理解度があるが，この基準では区別が難しい例もある

①このように，「言語」と「方言」を区別するために人々が用いる基準の 1 つが相互理解度である。

②言い換えると，たいして苦労せずにお互いを理解できる場合には，同じ言語，つまり同じ言語の方言を話していると多くの人が言うだろう。

③お互いを理解できなければ，異なる言語を話しているとみなされる。

④これはよいルールのように思える。

⑤それでは，相互に理解可能ではないケルン方言のドイツ語とバイエルン方言のドイツ語は，なぜ別の言語とみなされないのだろうか。

⑥また，スウェーデン人とノルウェー人はお互いを難なく理解できるのに，なぜスウェーデン語とノルウェー語は別の言語とみなされるのだろうか。

9 ▶▶特に，相互に理解可能な方言を話しているにもかかわらず，理解したくない場合は難しい

①そのような疑問は，ある方言の話者が別の方言の話者をただ理解したくないだけの場合，さらにいっそう難しいものとなる。

②客観的な言語的基準で判断すれば，同じ言語の相互に理解可能な方言を話しているにもかかわらず，一方または両方の集団が自分たちは別の言語を話していると主張するのだ。

10 ▶▶すべての言語が方言である

①これらすべてのことから，「方言」と「言語」という用語は政治的・社会的意味合いを持つと容易に結論付けられる。

②自分が言語を話しているのか，それとも方言を話しているのかと自問したくなるかもしれない。

③もちろん，これはひっかけ問題だ。というのも，究極的には，すべての言語が方言だからである。

④両者を同時に話しているのだ。

8
① differentiate *A* from *B*「A を B と区別する」
intelligibility「理解できる度合い」
③ consider ～ to *do*「～が…すると考える」
⑤ intelligible「理解可能な」
⑥ have trouble *doing*「…するのに苦労する」

9
② criteria「基準」（単数形は criterion）

10
① conclude that S V ...「…と結論付ける」
implication「意味合い」
③ trick「ひっかけの」
ultimately「究極的には」

3

問1 The distinction between a "language" and a "dialect" is

「『言語』と『方言』の区別は，＿＿＿＿」

- （a） already agreed upon by most specialists in language.
  「ほとんどの言語の専門家によってすでに合意されている」
- （b） difficult to make because they are rather subjective terms.
  「それらがかなり主観的な用語であるため難しい」
- （c） not clear until a government makes an official decision.
  「政府が正式な決定をするまでは明確ではない」

解説 The distinction between a "language" and a "dialect"「『言語』と『方言』の区別」という設問文の内容を念頭に置き，本文を読む。すると，**1**①に「『言語』と『方言』を区別する一般的に合意された方法はない」という記述を見つけることができるため，両者を明確に区別できる方法はないということを意識しながら，その先を読み進める。**2**④ In short, the distinction is subjective.「要するに，その区別は主観的なものなのだ」より，（b）が正解。（a）は**1**①，②に反し，誤り。（c）は**6**①に「時に言語とされるものや方言とされるものは，個人や政府，一般にそうする権限を付与された個人や組織によって『恣意的』に決定されることがある」という記述はあるものの，「政府が正式な決定をするまでは明確ではない」という記述はないため，誤り。

問2 According to the author of the passage, dialects are called "dialects"

「この文章の筆者によると，方言が『方言』と呼ばれるのは＿＿＿＿」

- （a） because linguists decided to give them that name.
  「言語学者がそう名付けることに決めたからだ」
- （b） since they are linguistically inferior to "languages."
  「それらが言語学的に見て『言語』よりも劣るからだ」
- （c） for a variety of social and other arbitrary reasons.
  「社会的な理由や恣意的な理由などさまざまな理由による」

解説 本問では，文章全体の大まかな流れを読み取る力が問われている。**1**で言語と方言には言語学的に見て客観的な違いはないと述べたあと，**2**では両者の区別が主観的なものであると述べている。また，言語と方言について，**4**では「社会的」に，**5**では「政治的」に，**6**では「恣意的」に決定されることがあると述べている。これらから，方言が「方言」と呼ばれるのはさまざまな理由によることがわかるため，（c）が正解。（a）は本文に記述がないため，誤り。（b）は**1**⑤，**3**①に反し，誤り。

問3 A dialect can become a language when a group of people speaking the dialect

「方言は，その方言を話す人々の集団が＿＿＿＿と言語になることがある」

（ a ） becomes politically dominant.
「政治的に支配する」

（ b ） improves its speech norms.
「話し方の基準を改善する」

（ c ） asks the government to make it one.
「政府にその方言を言語とするように要求する」

解説 文章全体を各パラグラフのトピック（各パラグラフを一言で言うと何か）を意識しながら読むことで，素早く根拠となる箇所を見つけることができる。本問は「どのような場合に方言が言語になることがあるのか」を選ぶ問題であるため，**3**〜**6**に根拠となる箇所があると予測できる。**3**では，10世紀にパリ伯がフランス王に選ばれたとき，彼が宮廷で話していた言語が「標準」のフランス語になったことが紹介され，**5**では，方言が「政治的」に決定されることがあると述べている。ここから，方言は，その方言を話す人々の集団が政治的に優勢になると言語になることがあるとわかるため，（ a ）が正解。（ b ），（ c ）は本文に記述がないため，誤り。speech「話し方，話し言葉」，government「政府」といった本文に登場する語句を使った誤りの選択肢に注意しよう。

問4 George Bernard Shaw's joke is cited
「ジョージ・バーナード・ショーのジョークを引き合いに出したのは，＿＿＿＿＿」

（ a ） to point out that what the British call a "biscuit" Americans call a "cookie."
「イギリス人が "biscuit" と呼ぶものを，アメリカ人は "cookie" と呼ぶことを指摘するためだ」

（ b ） to emphasize that there are differences between British and American English.
「イギリス英語とアメリカ英語には複数の違いがあることを強調するためだ」

（ c ） to stress that America gained its independence from Britain a long time ago.
「アメリカがはるかに昔にイギリスからの独立を手にしたことを強調するためだ」

解説 George Bernard Shaw という固有名詞に着目して本文中から根拠となる箇所を探すと，**7**②に George Bernard Shaw's という語句が見つかる。同文では，「方言の違いは，アメリカとイギリスは『共通の言語によって隔てられた2つの国』であるという，ジョージ・バーナード・ショーの有名なジョークを理解するうえで重要」と述べられている。ここから，ジョージ・バーナード・ショーのジョークは，アメリカとイギリスは英語という共通の言語を用いているものの，アメリカ英語とイギリス英語という方言の違いがあるために隔てられているという意味であると推測できる。両者の間に違いがあることを強調するために引き合いに出されたものであることがわかるため，（ b ）が正解。（ a ）は**7**①に「アメリカ人は "elevator" や "cookie" と言い，イギリス人は "lift" や "biscuit" と言う」という記述はあるものの，このことを指摘するためにジョークが引き合いに出されたわけではないため，誤り。（ c ）は本文に記述がないため，誤り。

問5 According to the author, there are some cases where groups of people who speak mutually intelligible varieties of language

「筆者によると，相互に理解可能な言語の変種を話す人々の集団が，＿＿＿＿場合もある」

- **(a)** refuse to accept them as the same language.
  「それらを同じ言語として受け入れることを拒否する」
- **(b)** naturally become on good terms with each other.
  「自然と互いに仲良くなる」
- **(c)** do not realize this is true and live separately.
  「そうとは気づかず別々に暮らしている」

解説 各パラグラフのトピックを意識しながら読むことで，素早く根拠となる箇所を見つけよう。本問では「相互に理解可能な言語の変種を話す人々の集団」の特徴が問われているため，**8**～**9**に根拠となる箇所があると予測できる。**9**② One or both groups insist that they speak separate tongues, even though — judging by objective linguistic criteria — they are speaking mutually intelligible dialects of the same language. 「客観的な言語的基準で判断すれば，同じ言語の相互に理解可能な方言を話しているにもかかわらず，一方または両方の集団が自分たちは別の言語を話していると主張するのだ」より，同じ内容を述べた**(a)**が正解。同文は比較的長い一文であるが，一言で言うとどういうことなのかを要約する力が問われている。**(b)**，**(c)**は本文に記述がないため，誤り。

問6 The case of Cologne German and Bavarian German is cited to show that

「ケルン方言のドイツ語とバイエルン方言のドイツ語の事例を引き合いに出したのは，＿＿＿＿ことを示すためだ」

- **(a)** the test people use for differentiating a dialect from a language based on mutual understanding works well.
  「方言と言語を区別するために人々が用いる，相互理解を基礎とする基準がうまく機能している」
- **(b)** their differences are so remarkable that some people think they should be regarded as different languages.
  「両者の違いがとても顕著であるため異なる言語とみなすべきだと考える人もいる」
- **(c)** the task of differentiating a dialect from a language is much more complicated than it appears to be.
  「方言と言語を区別する作業は見た目よりもはるかに複雑である」

解説 Cologne German「ケルン方言のドイツ語」や Bavarian German「バイエルン方言のドイツ語」という設問文の語句を念頭に置き，本文を読み進める。これらの語句は**8**⑤に登場するため，当該箇所付近を中心に根拠となる箇所を探す。**8**⑤ So why are Cologne German and Bavarian German, which are not mutually intelligible, not considered separate languages? 「それでは，相互に理解可能で

はないケルン方言のドイツ語とバイエルン方言のドイツ語は，なぜ別の言語とみなされないのだろうか」より，方言と言語を区別する作業は見た目よりも複雑であることがわかるため，(**c**)が正解。なお，**8**⑥ではスウェーデン語とノルウェー語について，「また，スウェーデン人とノルウェー人はお互いを難なく理解できるのに，なぜスウェーデン語とノルウェー語は別の言語とみなされるのだろうか」と述べられているが，これもまた「方言と言語を区別する作業は見た目よりもはるかに複雑である」ことを示す一例である。(**a**)は**8**全体の主旨に反し，誤り。(**b**)は本文に記述がないため，誤り。

問7 According to the author of this passage,
「この文章の筆者によると，_____」

（**a**）to determine what is a "dialect" or a "language" is not solely a linguistic matter.
「何が『方言』で，何が『言語』かを決めることは，単なる言語上の問題というわけではない」

（**b**）what a "language" or a "dialect" is can usually be determined by language users.
「何が『言語』で，何が『方言』かは，たいていは言語使用者によって決定される」

（**c**）to define a "dialect" or a "language" is a task for linguists, but not for speakers.
「『方言』や『言語』を定義することは言語学者の仕事であって，話者の仕事ではない」

解説 文章全体の主旨，特に**2**① Language varieties tend to be labeled "dialects" rather than "languages" for non-linguistic reasons, usually political or ideological.「非言語的な理由，たいていは政治的またはイデオロギー上の理由で，言語の変種は『言語』ではなく『方言』に分類される傾向にある」より，同じ内容を述べた(**a**)が正解。(**b**)は**1**,**2**の主旨に反し，誤り。(**c**)は本文に記述がないため，誤り。

重要構文解説

1 ①〈Strange as _{s'}it _{v'}may seem〉, there _vis _sno generally agreed-upon way

(to distinguish 〈between a "language" and a "dialect."〉)

> 形容詞 ... ＋ as ＋ S ＋ may seem「S は … に 思 え る が」を 使 っ た 表 現。to distinguish 以下は way を修飾している。

2 ⑤_sIt _vdepends on ❶[who _{s'}you _{v'}are] and ❷the perspective (from which

_{s'}you _{v'}judge _{o'}the varieties).

> 疑問詞 who 節（名詞節）と the perspective 以降（名詞句）が and によって並列されている。from which 以降は the perspective を先行詞とする関係代名詞節。

7 ③But _sdialects _vcan also differ so greatly 〈from one another〉〈that _{s'}they

_{v'}are _{c'}mutually incomprehensible〉.

> so ～ that S V ...「とても～なので…，…なくらい～」が使われている。

10 ①形式S_sIt _vis _ceasy _{真S}[to conclude 〈from all this〉[that _{s'}the terms "dialect"

and "language" _{v'}have _{o'}both political and social implications]].

> It は to conclude 以下を表す形式主語。to conclude の目的語は that 節だが，from all this という副詞句があるため，見抜きにくくなっている。

背景知識と キーワード 「言語と方言」

基本の知識

　世界中には 7,000 を超える言語があると言われています。その中にはある国や地域の公的生活における規範とされる「標準語」と，「それ以外の方言」があります。こうした違いがどのようにして生まれるのかについて，これまでさまざまな考察がなされてきました。

　今回の文章にもあったように，一般に，「標準語」と「方言」を区別する言語学上の客観的な基準はなく，標準語と比べて方言のほうが劣っているといったことはないとされています。むしろ，標準語も方言の一種であり，標準語か方言かは，政治や文化，社会的な要因により，恣意的，主観的に決まると考えられています。例えば，英語は世界における優勢な言語としての地位を確立していますが，それは，話している人の数が多いことや文法が優れていることが理由ではなく，英語を使用する国の権力や軍事的な要因によってその地位が決まっていると考えられています。まずは，ある言語が使われる要因は主観的なものであるという考え方があることを押さえておきましょう。

入試の出題傾向

　言語と方言をテーマにした文章は全国の大学入試問題で出題されています。多くの場合は今回の文章と同様，標準語も方言の一種であり，その区別は政治的・社会的判断によるものであると同時に，恣意的・主観的なものだという内容です。

　類題出題歴　山梨大(2018)，愛知医科大(2019)，学習院大(2019)，法政大(2021)　など

文章の展開と読み方

　標準語と方言を区別する際の基準がテーマになる文章が多い傾向にあります。その多くは，言語に備わった性質など，言語学上の客観的な基準では標準語と方言を区別することができないということを前提に話が進みます。まずはこの点を押さえておきましょう。客観的な基準で区別することが難しいという話のあとは，具体的な判断基準の話に進むことがよくあります。判断基準は恣意的・主観的なものであり，政治的・社会的・文化的に決定されるという内容を覚えておくと，スムーズに読み進められるはずです。

3

★ □ language	名 言語，言語学
★ □ dialect	名 方言
★ □ standard language	名 標準語
★ □ variety	名 変種，種類
★ □ version	名 変種，種類
□ variant	名 変種，異形
★ □ linguistic	形 言語の，言語学上の 関連表現 **linguistically**「言語学的に見て，言語学上」 **linguist**「言語学者」
★ □ arbitrary	形 恣意的な 関連表現 **arbitrarily**「恣意的に」 **arbitrariness**「恣意性，恣意的であること」
★ □ objective	形 客観的な
★ □ subjective	形 主観的な

☞ 「言語(language)」と「方言(dialect)」をどのように区別するかが問題となるとき，ある国や地域の公的生活における規範となる言語である「標準語(standard language)」と，その他の「変種(variety / version / variant)」といった分類がなされ，これらが分けて語られることがあります。

☞ 言語と方言の区別においては，文法など「言語学上の(linguistic)」性質は問題にならず，「恣意的な(arbitrary)」判断がなされます。別の言い方をすれば，言語と方言の区別の基準は，「客観的な(objective)」ものではなく「主観的な(subjective)」ものであると言えます。また，本問の文章のように，言語とされているものも方言の1つであるという考え方があることを知っておくとよいでしょう。

NEXT ≫ さらに広げる！「言語・コミュニケーション」の重要キーワード

●「言語・コミュニケーション」に関連するキーワード

言語の消滅

音声 12

□ **endangered language**	图消滅危機言語
□ **common language**	图共通語
□ **lingua franca**	图リンガ・フランカ，世界語，共通語

☞ 全世界には，かなりの数の「消滅危機言語(endangered language)」が存在する
と言われています。7,000 を超えるとも言われる言語の中には，話者が１人しかい
ない言語もあります。言語が消滅すると，その言語が使われていた社会の文化や伝統
なども消滅するため，消滅危機言語を保護する取り組みが行われています。

☞ 消滅危機言語とは対照的に，全世界的に使われている言語もあります。その代表例が
英語です。このような言語のことを「共通語(common language)」や「リンガ・
フランカ(lingua franca)」と呼ぶことがあります。

新たな言語の創造と発生

音声 13

□ **Esperanto**	图エスペラント(人工言語の１つ)
□ **artificial language**	图人工言語
□ **pidgin**	图混合語，ピジン語
□ **Creole**	图クレオール語

☞ 言語は創作が試みられることがあります。例えば，「エスペラント(Esperanto)」は
国際語を作る試みの中で生まれた「人工言語(artificial language)」の１つです。

☞ 外国人同士のビジネスなど，当事者間の必要性から言語が生まれることもあります。
一方の言語をもとにして相手方の言語を混ぜて作り上げた言語が「ピジン語
(pidgin)」であり，その名は business が訛ったものだと言われています。代表例
は，パプアニューギニアで使われているメラネシア系ピジン英語の Tok Pisin(ト
ク・ピシン)です。

☞ ピジン語が定着して母語として用いられるようになったものを「クレオール語
(Creole)」と言います。代表例は，ハイチのハイチ語で，フランス語と現地語の混
成語です。

解答

問題 ▶ 別冊 p.20　　設問解説 ▶ p.60

問1 (1)(c)　(5)(d)　問2 (2)(a)　(3)(d)　(4)(b)　問3 (f)，(g)，(h)

問題英文

　　　　　：読解の重要ポイント　　青字：テーマに関連するキーワード

1 ①The large white fridge sits on the pavement in Galdakao, a small city on the outskirts of Bilbao, Spain. ②A wooden fence has been built around it, in the hope of conveying the idea that this is not an abandoned appliance, but a pioneering project aimed at tackling food waste.

1

✓ 読解の重要ポイント

①② スペインの都市ガルダカオの歩道に，食料廃棄に取り組むことを目的としたプロジェクトとして，白い大きな冷蔵庫が置かれていることを紹介し，文章全体の導入をしている。

🔖 キーワード

② food waste「食料廃棄」

2 ①For the past seven weeks, Galdakao, population 29,000, has been home to Spain's first "solidarity fridge," in which residents and restaurants can drop off leftover or unused food otherwise destined for the bin. ②Anything left in the fridge can be picked up by anyone who wants it. ③"I would guess we've saved between 200 and 300 kg from the rubbish bin," said organizer Álvaro Saiz. ④A typical day might see leftover beans, a few sandwiches and unopened milk cartons left in the fridge.

2

✓ 読解の重要ポイント

①② その冷蔵庫（連帯冷蔵庫）の説明として，住民やレストランが残り物や未使用の食品を置いていくことができ，それを欲しい人が持っていくことができると述べている。

🔖 キーワード

①④ leftover「残り物，残り物の」
① unused「未使用の」
① food「食品，食料，食べ物」
① bin「ごみ箱」
③ rubbish bin「ごみ箱」

食料危機は世界中で大きな問題となっており，どう対処すべきかが活発に議論されている。中でも，食料廃棄を減らすことは特に重要な取り組みとされている。この文章では，食料廃棄を減らす取り組みとして，残り物や未使用の食品が，それを必要としている人の手に渡るようにする「連帯冷蔵庫」という取り組みが紹介されている。問題とそれに対する対処法という流れを意識しながら読み進めてほしい。

全文訳

1 ▶▶スペインの都市ガルダカオの歩道に，食料廃棄に取り組むことを目的としたプロジェクトとして，白い大きな冷蔵庫が置かれている

①スペインのビルバオ郊外にある小さな都市，ガルダカオの歩道に大きな白い冷蔵庫が置かれている。

②これが放置された電化製品ではなく，食料廃棄へ取り組むことを目的とした先駆的なプロジェクトであると伝わることを期待して，その周りには木製のフェンスが設置されている。

2 ▶▶スペイン初のその冷蔵庫には，住民やレストランが残り物や未使用の食品を置いていくことができ，それを欲しい人が手に取ることができる

①ここ7週間，人口29,000人のガルダカオはスペイン初の「連帯冷蔵庫」の拠点となっている。住民やレストランは，その冷蔵庫がなければごみ箱行きになる運命にある残り物や未使用の食品を置いていくことができる。

②冷蔵庫に残っているものならどれでも，欲しい人が手に取ることができる。

③「ごみ箱から200～300キログラム救い出したのではないかと思います」と主催者のアルバロ・サイス氏は言った。

④典型的な日には，残り物の豆やいくつかのサンドウィッチ，未開封の牛乳パックが冷蔵庫に残っているだろう。

語句

1
① fridge「冷蔵庫」
pavement「歩道」
outskirt「郊外」
② in the hope of *doing*「…することを期待して」
abandon「～を放置する」
appliance「電化製品」
pioneering「先駆的な」
aim A at B「A を B に向ける」
tackle「～に取り組む」
food waste「食料廃棄」

2
① home to ～「～の拠点」
solidarity「連帯」
resident「住民」
drop off「～を置いていく，～を納入する」
leftover「残り物，残り物の」
unused「未使用の」
otherwise「そうでなければ」
destined for ～「～の運命にある」
bin「ごみ箱」
② pick up「～を拾い上げる，～を手に取る」
③ save「～を救う」
rubbish bin「ごみ箱」
organizer「主催者」
④ typical「典型的な」
carton「（牛乳などの）容器，パック」

4

3 [1]The idea came about as Saiz and other members of the city's volunteer association were reflecting on the huge amount of food being thrown out by supermarkets. [2]"We started to think that if even just one of their rubbish bins was replaced with a fridge, people could take advantage of these items." [3]An online search revealed a network of shared fridges in Berlin. [4]He said, "We realized we could do this — so we did."

4 [1]It took about a month to work on the paperwork needed for the project, including securing a permit from the city to use public space and obtaining the right legal documents to ensure organizers wouldn't be held liable should anything go wrong with food taken from the fridge. [2]As his group pushed forward with the idea, they heard all sorts of opinions from city residents. [3]Saiz said, "I realized that some people don't support it because they don't understand what we're doing."

5 [1]The goal, according to Saiz, isn't to feed people in need. [2]"This isn't charity. [3]It's about making use of food that would otherwise end up in the bin," he said. [4]"It doesn't matter who takes it. [5]At the end of the day it's about recovering the value of food products and fighting against waste."

3

✓ 読解の重要ポイント

① このアイデアは，サイス氏と市のボランティア協会のメンバーらによって考案されたと述べている。

🔑 キーワード

① throw out「〜を捨てる，〜を処分する」

4

✓ 読解の重要ポイント

①② プロジェクトに必要な書類を手配しながら，市内の居住者の意見を聞いたと述べ，プロジェクトを推進した手順を紹介している。

5

✓ 読解の重要ポイント

⑤ プロジェクトの目的は，食料品の価値を取り戻し，廃棄と闘うことだという，サイス氏の言葉を紹介している。

🔑 キーワード

① feed「〜に食料を提供する」

⑤ food product「食品，食料品」

⑤ waste「廃棄」

3 ▶▶このアイデアはサイス氏らによって考案された

①このアイデアは，非常に大量の食品がスーパーマーケットによって処分されていることについて，サイス氏と市のボランティア協会の他のメンバーがじっくりと考えていたときに生まれた。

②「スーパーマーケットのごみ箱のうちたった1つでも冷蔵庫に置き換えれば，人々がこうした食料を利用できるのではないかと，私たちは考え始めました」

③オンライン検索をしたところ，ベルリンに共有冷蔵庫のネットワークがあることがわかった。

④「私たちはこれならできると気付きました。そこで，やってみたのです」と彼は言った。

4 ▶▶プロジェクトに必要な書類を手配しながら，彼らは市内の居住者からあらゆる種類の意見を聴いた

①プロジェクトに必要な書類を手配するのには約1か月かかった。公共の場所の使用について市の許可証を得ることや，冷蔵庫から取り出した食品で万一何か問題が起こっても，主催者たちが責任を問われることがないようにする適切な法的書類を取得することが含まれた。

②彼のグループはこのアイデアを推し進めながら，市内の居住者からあらゆる種類の意見を聴いた。

③「私たちがやっていることを理解できないために，支持しない人もいることがわかりました」とサイス氏は言った。

5 ▶▶このプロジェクトの目的は，食料品の価値を取り戻し，廃棄と闘うことである

①サイス氏によれば，その目的は食べ物に困っている人に食料を提供することではない。

②「これは慈善事業ではありません」

③「そうしなければごみ箱行きになってしまう食料を活用することがその目的なのです」と彼は言った。

④「誰が取るかは重要ではありません」

⑤「結局のところ，食料品の価値を取り戻し，廃棄と闘うことがその本質なのです」

3
① come about「起こる，生じる」
　association「協会」
　reflect on ～「～について熟考する」
② take advantage of ～「～を利用する」
③ reveal「～を明らかにする」

4
① paperwork「書類の作成，事務手続き」
　secure「～を確保する」
　permit「許可証」
　obtain「～を取得する」
　legal document「法的書類」
　ensure that S V ...「…を確実にする」
　hold O C「O を C であるとする」
　liable「責任がある」
　go wrong with ～「～で問題が起こる」
② push forward with ～「～を推進する」
　opinion「意見」

5
① feed「～に食料を提供する」
　people in need「食べ物に困っている人々」
② charity「慈善事業」
③ S is about *doing*「S の目的[本質]は…することにある」
　make use of ～「～を活用する」
　end up in ～「最後には～に行き着く」
⑤ at the end of the day「結局のところ」
　recover「～を取り戻す」

6 ①There are strict rules for anyone leaving food in the fridge: no raw fish, meat or eggs, packaged or canned goods cannot be past their use-by date and anything prepared at home must include a label detailing when it was made. ②Volunteers keep an eye on the fridge to throw out anything past its use-by date or homemade dishes that are more than four days old. ③But that's in theory: so far all food has been taken on a daily basis. ④All sorts of people have dropped by so far, said Saiz, including those in need who make a special trip to the fridge from nearby towns and a construction worker who took an ice-cream bar — dropped off with just a few days left before its best-before date — during his lunch break.

7 ①Last week the city of Murcia, some 400 miles away in the south of Spain, copied the idea and became the second Spanish city to host a solidarity fridge. ②Saiz has received calls from communities across the country — and from as far as Bolivia — from people interested in setting up similar operations.

8 ①The fridge has also allowed local restaurants to stop feeling guilty over their food waste, said Álvaro Llonin of Topa restaurant. ②"In the past we used to throw away a lot of food — and it was food that was fine to eat." ③He and the staff at the busy restaurant in the center of Galdakao now regularly make time to drop off their leftovers in the fridge. ④"You know someone is enjoying it," he said. ⑤"It's like giving our food a second chance to end up in someone's stomach."

6

☑ 読解の重要ポイント

①②③ 冷蔵庫に食品を入れる人に向けた厳格なルールがあるほか、ボランティアたちが冷蔵庫を見張り、消費期限を過ぎたものや4日以上経過した手料理を処分することになっているが、現状では、すべての食品が毎日持ち帰られていると述べている。

🔑 キーワード

①② use-by date「消費期限」
④ best-before date「賞味期限」

7

☑ 読解の重要ポイント

①② このアイデアを模倣して実際に冷蔵庫を設置した都市もあり、この活動は関心を集めていると述べている。

8

☑ 読解の重要ポイント

① その冷蔵庫のおかげで地元のレストランは食料廃棄に対する罪悪感を抱かずに済むようになったという、トパ・レストランのアルバロ・リョニン氏の言葉を紹介している。

🔑 キーワード

② throw away「～を捨てる、～を廃棄する」

6 ▶▶厳格なルールのもとで運用されているこの冷蔵庫は，これまでのところすべての食品が毎日持ち帰られ，さまざまな人に利用されている

①冷蔵庫に食品を入れる人に向けた厳格なルールがある。生魚，肉，卵は禁止であり，包装された食品または缶詰食品は消費期限を過ぎていてはならず，家庭で作ったものはどんなものであれ，いつ作られたのかを詳しく記したラベルを貼らなければならない。

②ボランティアたちは冷蔵庫を見張り，消費期限を過ぎたものや4日以上経過した手料理を処分する。

③しかし，それは理論上の話だ。これまでのところ，すべての食品が毎日持ち帰られている。

④食べ物に困っていて，近くの町からわざわざ訪れる人やアイスクリームバー——賞味期限まで残りわずか数日というときに入れられた——を昼休みに持って行った建設作業員など，これまでにさまざまな人が立ち寄ったとサイス氏は言った。

7 ▶▶このアイデアを模倣して実際に冷蔵庫を運営している都市もあり，この活動は関心を集めている

①先週，スペイン南部にあるおよそ400マイル離れたムルシア市がこのアイデアを模倣して，連帯冷蔵庫を運営する2番目のスペインの都市となった。

②サイス氏は，全国のコミュニティから——そして遠くはボリビアから——同様の活動を始めることに関心を持つ人々からの問い合わせを受けている。

8 ▶▶ガルダカオにあるレストランにとっても，このプロジェクトは良い影響を及ぼしている

①また，その冷蔵庫のおかげで地元のレストランは食料廃棄に対する罪悪感を抱かずに済むようになったと，トパ・レストランのアルバロ・リョニン氏は言った。

②「以前，私たちは大量の食べ物を廃棄していました——それは，問題なく食べられるものでした」

③彼とガルダカオの中心部にあるその忙しいレストランのスタッフは，今では冷蔵庫に残り物を入れに行く時間を定期的に作っている。

④「誰かが喜んでくれているのがわかるんですよね」と彼は言った。

⑤「それはまるで，私たちの食べ物に誰かの胃の中に入る第2のチャンスを与えているようなものです」

6
① raw「生の」
　 past ~「~を過ぎて」
　 use-by date「消費期限」
　 detail「~を詳しく記述する」
② keep an eye on ~「~から目を離さない」
③ in theory「理論的には，理論上の」
　 so far「今までのところ」
　 on a daily basis「毎日，日々」
④ drop by「立ち寄る」
　 construction「建設」
　 best-before date「賞味期限」

4

7
① copy「~を模倣する」
　 host「~を主催する，~を運営する」
② set up「~を始める」
　 operation「運営，活動」

8
① allow O to do「Oが…することを可能にする」
　 guilty「罪の意識がある」
② throw away「~を捨てる，~を廃棄する」
③ regularly「定期的に」

問1 上記英文の(1)，(5)を埋めるのに最もふさわしい語句をそれぞれ(a)，(b)，(c)，(d)の中から1つ選びなさい。

(1) (a)bought like「〜のように買われる」 (b)older than「〜よりも古い」
(c)replaced with「〜と置き換えられる」
(d)taken away with「〜とともに持ち出される」

(5) (a)drop by「〜に立ち寄る」 (b)remind「〜に思い出させる」
(c)stand by「〜の味方をする」 (d)throw away「〜を廃棄する」

解説

(1) 空所に入れる語句として適切なものを，前後の文脈から考える問題。空所を含む **3**②の後半 people could take advantage of these items は「人々がこうした食料を利用できる」という意味である。空所に replaced with を入れ，「スーパーマーケットのごみ箱のうちたった1つでも冷蔵庫に置き換えれば」とすると意味が自然につながるため，(c)replaced with が正解。

(5) パラグラフ内の話の流れを把握する力が問われている。空所を含む **8**②は，**8**① の The fridge has also allowed local restaurants to stop feeling guilty over their food waste, said Álvaro Llonin of Topa restaurant.「また，その冷蔵庫のおかげで地元のレストランは食料廃棄に対する罪悪感を抱かずに済むようになったと，トパ・レストランのアルバロ・リョニン氏は言った」という内容に後続している。そこで，空所に throw away を入れ，「以前，私たちは大量の食べ物を廃棄していました」とすると意味が自然につながる。よって，(d)throw away が正解。

問2 上記英文の下線部(2)，(3)，(4)に最も近い内容のものをそれぞれ(a)，(b)，(c)，(d)の中から1つ選びなさい。

(2) At the end of the day「結局のところ」

(a) After all
「結局は」

(b) In the afternoon
「午後に」

(c) The next day
「翌日に」

(d) When all the food is gone
「食料がすべてなくなったときに」

(3) use-by date「消費期限」

(a) a certain place to keep the food
「食品を保管する所定の場所」

(b) a date for the volunteers to buy the food
「ボランティアたちが食品を購入する日付」

(c) a date when the food was made
「食品が作られた日付」

60

（d）a specific date by which the food should be consumed
「食品が消費されるべき具体的な期限」

(4)　copied the idea「アイデアを模倣した」

（a）collaborated with people in need
「食べ物に困っている人と協力した」

（b）imitated Saiz's food project
「サイス氏の食料についてのプロジェクトのまねをした」

（c）refreshed the mind
「気持ちをリフレッシュさせた」

（d）thought about the local environment
「地域の環境について考えた」

解説

(2)　語彙力を問う問題。At the end of the day は，直訳すると「1日の終わりに」という意味であるが，「結局のところ，要するに」という意味でも用いられる。下線部(2)を含む**5**⑤は「結局のところ，食料品の価値を取り戻し，廃棄とたたかうことがその本質なのです」という意味であるため，最も近い内容を表す**(a)**が正解。**5**はこのプロジェクトの目的について述べられている。下線部(2)を含む**5**⑤は，**5**③と並んでプロジェクトの本質，つまり，「結局のところ，このプロジェクトはどのような目的で行われているのか」について述べられていることに着目し，下線部の意味を推測することも可能である。

(3)　下線部(3)を含む**6**①は「冷蔵庫に食品を入れる人に向けた厳格なルールがある。生魚，肉，卵は禁止であり，包装された食品または缶詰食品は消費期限を過ぎていてはならず，家庭で作ったものはどんなものであれ，いつ作られたのかを詳しく記したラベルを貼らなければならない」という意味である。use-by date「消費期限」という語句を知っていれば比較的容易に正解にたどり着ける問題であるが，知らないときは前後の文脈から判断する。**6**①の packaged or canned goods cannot be past their use-by date「包装された食品または缶詰食品は use-by date を過ぎていてはならず」や，**6**②の throw out anything past its use-by date or homemade dishes that are more than four days old「use-by date を過ぎたものや4日以上経過した手料理を処分する」という記述から，use-by date は「消費期限」や「使用期限」のような意味であることがわかるため，**(d)**が正解。

(4)　文章全体の話の流れを把握する力が問われている。下線部(4)を含む**7**①は「先週，スペイン南部にあるおよそ400マイル離れたムルシア市がこのアイデアを模倣して，連帯冷蔵庫を運営する2番目のスペインの都市となった」という意味である。文章全体の話の流れ，特に**1**〜**3**より，連帯冷蔵庫の設置は，食料廃棄に取り組むことを目的としたプロジェクトとして行われていること，このアイデアはサイス氏らによって考案されたものであることがわかるため，**(b)**が正解。

問3 上記英文の内容に合致するものを(a)〜(i)の中から3つ選びなさい(順不同)。

（a）Galdakao には，賞味期限切れの食品の廃棄を奨励する条例がある。

（b）Galdakao には，未使用の冷蔵庫がたくさん捨てられている。

（c）Galdakao には，人口密度が高いにもかかわらず，街路にごみ箱が少ない。

（d）生ごみを車の燃料として転用することは，solidarity fridge の活動の一環である。

（e）Saiz は，公共の場所に冷蔵庫を置く許可を得るために数年を費やした。

（f）solidarity fridge から食品を持ち出すとき，人々はお金を払う必要はない。

（g）solidarity fridge はスペイン以外の国でも注目されている。

（h）solidarity fridge は捨てられてしまう食物を有効利用するためのプロジェクトだ。

（i）solidarity fridge の目的は食べ物に困っている人を助けることだ。

解説 本文の内容と合致する選択肢を選ぶ問題。設問文の「3つ選びなさい」という条件を見落とさないように注意しながら，根拠となる箇所を探す力が問われている。正解は(f)，(g)，(h)であるが，各選択肢について正誤の判断をする流れを丁寧に確認してほしい。

（a）Galdakao「ガルダカオ」という固有名詞に着目する。Galdakao という語は **1**①，**2**①，**8**③に登場するため，当該箇所付近を中心に本文を丁寧に読む。しかし，ガルダカオには「賞味期限切れの食品の廃棄を奨励する条例がある」という内容の記述は，本文から見つけることができない。よって，(a)は本文の内容と合致するとは言えないと判断できる。

（b）選択肢(a)と同様に，Galdakao「ガルダカオ」という固有名詞に着目し，本文を丁寧に読む。すると，**1**①，②に「…ガルダカオの歩道に大きな白い冷蔵庫が置かれている。これが放置された電化製品ではなく…」という記述を見つけることができ，**2**①には「住民やレストランは，その冷蔵庫がなければごみ箱行きになる運命にある残り物や未使用の食品を置いていくことができる」という記述があることがわかる。しかし，ガルダカオには「未使用の冷蔵庫がたくさん捨てられている」という内容の記述は，本文から見つけることができない。よって，(b)は本文の内容と合致するとは言えないと判断できる。

（c）選択肢(a)，(b)と同様に，Galdakao「ガルダカオ」という固有名詞に着目し，本文を丁寧に読む。しかし，ガルダカオには「人口密度が高いにもかかわらず，街路にごみ箱が少ない」という内容の記述は，本文から見つけることができない。よって，(c)は本文の内容と合致するとは言えないと判断できる。

（d）solidarity fridge「連帯冷蔵庫」という語句に着目する。solidarity fridge という語句は **2**①，**7**①に登場するため，当該箇所付近を中心に本文を丁寧に読む。**2**①から，連帯冷蔵庫には，その冷蔵庫がなければごみ箱行きになる運命にある残り物や未使用の食品を置いていくことができることがわかるが，「生ごみを車の燃料として転用することは，solidarity fridge の活動の一環である」という内容の記述は，本文から見つけることができない。よって，(d)は本文の内容と合致するとは言えないと判断できる。

(e) Saiz「サイス氏」という固有名詞に着目する。また，選択肢(e)は，冷蔵庫を置くための許可を得るまでの話であることから，「プロジェクトに必要な書類を手配しながら，サイス氏らが市内の居住者からあらゆる種類の意見を聴いたこと」(冷蔵庫を設置する前までのこと)について述べられている**4**に着目し，当該箇所付近を中心に本文を丁寧に読む。すると，**4**①に「プロジェクトに必要な書類を手配するのには約1か月かかった」という記述を見つけることができる。しかし，サイス氏が「公共の場所に冷蔵庫を置く許可を得るために数年を費やした」という内容の記述は，本文から見つけることができない。よって，(e)は本文の内容と合致するとは言えないと判断できる。

(f) 文章全体の大まかな流れを読み取る力が問われている。文章全体の話の流れ，特に**1**，**2**より，連帯冷蔵庫の設置は，食料廃棄に取り組むことを目的としたプロジェクトとして行われていることがわかる。また，**2**② Anything left in the fridge can be picked up by anyone who wants it.「冷蔵庫に残っているものならどれでも，欲しい人が手に取ることができる」より，連帯冷蔵庫から食品を持ち出すとき，人々がお金を払う必要はないと推測できる。よって，(f)は本文の内容と合致すると判断できる。

(g) solidarity fridge「連帯冷蔵庫」という語句に着目する。また，選択肢(g)は，連帯冷蔵庫が国内外で注目されていることについての話であることから，「このアイデアを模倣して実際に冷蔵庫を運営している都市もあり，この活動は関心を集めている」ということについて述べられている**7**に着目し，当該箇所付近を中心に本文を丁寧に読む。すると，**7**② に Saiz has received calls from communities across the country — and from as far as Bolivia — from people interested in setting up similar operations.「サイス氏は，全国のコミュニティから——そして遠くはボリビアから——同様の活動を始めることに関心を持つ人々からの問い合わせを受けている」という記述を見つけることができる。よって，(g)は本文の内容と合致すると判断できる。

(h) 文章全体の大まかな流れ，特にこのプロジェクトの目的を読み取る力が問われている。**1**，**2**の話の流れや**5**③ At the end of the day it's about recovering the value of food products and fighting against waste.「結局のところ，食料品の価値を取り戻し，廃棄と闘うことがその本質なのです」より，連帯冷蔵庫の設置は，食料廃棄に取り組むことを目的としたプロジェクトとして行われていることがわかる。よって，(h)は本文の内容と合致すると判断できる。

(i) solidarity fridge「連帯冷蔵庫」という語句に着目する。また，選択肢(i)は，このプロジェクトの目的についての話であることから，「このプロジェクトの目的は，食料品の価値を取り戻し，廃棄と闘うことである」と述べられている**5**に着目し，当該箇所付近を中心に本文を丁寧に読む。すると，**5**①に The goal, according to Saiz, isn't to feed people in need.「サイス氏によれば，その目的は食べ物に困っている人に食料を提供することではない」という記述を見つけることができる。よって，(i)は本文の内容と合致しないと判断できる。

4

1 ②ₛA wooden fence ᵥhas been built 〈around it〉, 〈in the hope 〈of conveying the idea [that ₛ'this ᵥ'is not c'an abandoned appliance, but a pioneering project 〈aimed 〈at tackling food waste〉〉]〉〉.

> the idea that this is ... food waste では，同格の that が用いられており，that 節が the idea の内容を説明している。the idea that S V ... で「…という考え」という意味。また，not an abandoned appliance, but a pioneering project aimed at tackling food waste では，not A but B「A ではなく B」の表現が用いられている。aimed at tackling food waste は，a pioneering project を修飾する過去分詞句。

4 ①形式SIt ᵥtook oabout a month 真s[to work 〈on the paperwork 〈needed 〈for the project〉〉〉, 〈including ❶securing a permit 〈from the city〉 〈to use public space〉 and ❷obtaining the right legal documents 〈to ensure [ₛ'organizers ᵥ'wouldn't be held liable 〈should ₛ"anything ᵥ"go c"wrong 〈with food 〈taken 〈from the fridge〉〉〉〉]〉〉].

> 文全体では It takes O to do「…するのに O（時間）がかかる」という表現が用いられている。including 以下は，including ～「例えば，～」の表現が用いられており，to work on the paperwork needed for the project について具体例を挙げて説明している。また，and によって，securing a permit ... use public space と obtaining the right ... form the fridge が結ばれている。should anything go wrong with food taken from the fridge は，if の省略された倒置の形であり，if anything should go wrong with food taken from the fridge ということ。ここでの should は「万一（～したら）」という意味。なお，taken from the fridge は food を修飾する過去分詞句。

「食料危機とその対策」

基本の知識

　　食料危機の問題は世界中で起こっています。国連食糧農業機関（FAO）などが共同で発表した報告書によれば，世界中で飢餓に苦しむ人々の数は，2021年の時点で8億人を超えたと報告されています。食料危機の原因はさまざまです。貧困や分配の不平等，自然災害など，あらゆる要因が複雑に絡み合っているとされています。中でも，食料ロス（food loss）の問題や今回の文章にもあった食料廃棄（food waste）の問題は，食料危機に大きな影響を与えています。

　　FAOの定義から考えると，食料ロスとは，生産から収穫の段階など，加工を経て小売店などで店頭に並ぶより前の段階で食料が失われることを言います。食料ロスは，食料を保管する冷蔵設備などがない場所で，収穫した作物をうまく保管できずに腐らせてしまうことや，出荷段階で，品質基準を満たさないという理由で食料が捨てられてしまうことなどによって生じます。一方で，食料廃棄とは，販売や消費など小売店で店頭に並んだあとのプロセスで食品が廃棄されることを言います。スーパーやコンビニなどでの売れ残り，飲食店や家庭での食べ残し，調理時の過剰除去，一度も利用されないまま廃棄される直接廃棄などがその例です。

　　食料ロスや食料廃棄の問題を解決するためには，多方面からのアプローチが必要です。冷蔵設備のない地域に設備の導入をすることや，見た目が良くないとされる作物の販売ルートを確保することは，解決策の1つになるでしょう。飲食店などで食べ残してしまった料理を持ち帰るための容器や袋であるドギーバッグや，さまざまな理由から流通が困難となった，品質に問題のない商品を寄付するフードバンクといった活動の普及も期待されています。また，包装技術を進歩させて賞味期限を延ばすという試みに成功している企業もあります。

入試の出題傾向

　　食料危機をテーマにした文章は全国の大学入試問題で出題されています。食料危機の問題自体を扱うこともありますが，食料危機につながるさまざまな要因を扱う文章も見られます。

類題出題歴 国際教養大（2017），関西大（2019），駒澤大（2019），鹿児島大（2020），慶應義塾大（2020）　など

文章の展開と読み方

　　貧困，分配の不平等，自然災害，食料ロス，食料廃棄など，関連するキーワードや背景知識を押さえておくと，食料危機に関する文章はかなり読みやすくなります。

音声 15　　　　　　　　　　　　　　　　　　　　　※★は本文に出てきたキーワード

□ **food crisis**	名 食料危機
□ **climate change**	名 気候変動
□ **Colony Collapse Disorder(CCD)**	名 蜂群崩壊症候群
□ **population explosion**	名 人口爆発
□ **biofuel**	名 バイオ燃料
□ **food loss**	名 食料ロス
★ □ **food waste**	名 食料廃棄
□ **food bank**	名 フードバンク
□ **takeaway container**	名 持ち帰り容器
□ **entomophagy**	名 昆虫食

☞「食料危機(food crisis)」の原因として挙げられるのが，「気候変動(climate change)」による干ばつや洪水，熱波などです。「蜂群崩壊症候群(Colony Collapse Disorder, CCD)」と呼ばれるミツバチの突然の失踪もまた，食料不足につながると言われています。これは，ミツバチが植物にとって重要な花粉媒介者であるためです。さらに，「人口爆発(population explosion)」が予想されるアフリカをはじめとする地域においては，今後，食料の不足が予想されています。

☞「バイオ燃料(biofuel)」用にトウモロコシを大量に備蓄するアメリカの政策によって，本来食料になるはずだったトウモロコシが燃料として使われ，供給不足や価格高騰につながるのではないかという懸念が持たれています。

☞ 食料危機の特に大きな原因は「食料ロス(food loss)」と「食料廃棄(food waste)」であるとされています。両者の違いは，食料ロスが，生産，収穫，加工，流通などの過程(小売業者が消費者に提供する前の段階)で発生する事象であるのに対し，食料廃棄は販売や消費の過程(小売業者が消費者に提供したあとの段階)で発生する事象であるということです。

☞ 食料廃棄を防ぐ手段として，さまざまなものが考えられています。例えば，「フードバンク(food bank)」は流通が困難になった品質に問題のない商品を寄付するシステムです。また，レストランなどで食べ残したものを持ち帰るため，doggy bag や to-go box と呼ばれる「持ち帰り容器(takeaway container)」の使用を推奨している国もあります。

☞ 牛肉や豚肉に代わる貴重なタンパク源として，近年，昆虫は注目を集めています。「昆虫食(entomophagy)」が食料危機の対策として有効であるとする考え方もあります。

NEXT » さらに広げる！「社会問題」の重要キーワード

● 「社会問題」に関連するキーワード

人口問題

音声 16

□ **world population**	图 世界人口
□ **aging society**	图 高齢化社会
□ **social welfare system**	图 社会福祉制度
□ **health care system**	图 医療制度
□ **pension system**	图 年金制度

☞ 国連の予測によれば，「**世界人口(world population)**」は 2050 年に 97 億人に達するとされています。世界人口の増加により，さまざまな問題が生じると考えられています。食料不足や水資源の枯渇，環境破壊，高齢化，貧困層の増加や所得格差の拡大はその代表例です。

☞ 日本を含む一部の地域では，若年人口の減少と高齢者人口の増加が社会的な問題になっています。「**高齢化社会(aging society)**」においては，「**社会福祉制度(social welfare system)**」，「**医療制度(health care system)**」，「**年金制度(pension system)**」など，種々の社会制度の維持・拡充が課題となります。

労働問題

音声 17

□ **overwork**	图 過労
□ **workers' right**	图 労働者の権利
□ **work-life balance**	图 ワークライフバランス
□ **child labor**	图 児童労働
□ **wage gap**	图 賃金格差
□ **remote work**	图 リモートワーク

☞ 「**過労(overwork)**」についての問題や「**労働者の権利(workers' right)**」の問題など，労働にまつわる問題は多岐にわたります。仕事と生活の調和を保つため，「**ワークライフバランス(work-life balance)**」をいかに実現するかという問題も代表的なものです。

☞ 「**児童労働(child labor)**」や「**賃金格差(wage gap)**」もまた根強く残る問題です。

☞ 働き方が世界中で変わりつつあります。特に近年では，インターネットを利用した遠隔映像サービスなどの普及により，自宅など会社から離れた場所で仕事をする「**リモートワーク(remote work)**」が拡大しています。

5 「AI やロボットの発達が人間の仕事に与える影響」

解答	問題 ▶ 別冊 p.24	設問解説 ▶ p.76

問1(c) 問2(b)，(c) 問3(d) 問4(c) 問5(a)

問題英文

　　　：読解の重要ポイント　　青字：テーマに関連するキーワード

1 ①More than 10 million UK workers are at high risk of being replaced by robots within 15 years as the automation of routine tasks gathers pace in a new machine age. ②A report by the consultancy firm Price Waterhouse Coopers (PwC) found that 30% of jobs in Britain were potentially under threat from breakthroughs in artificial intelligence (AI). ③In some sectors, half the jobs could go. ④The report predicted that automation would boost productivity and create fresh job opportunities, but it said action was needed to prevent the widening inequality that would result from robots increasingly being used for low-skill tasks.

2 ①PwC said 2.25 million jobs were at high risk in wholesale and retailing — the sector that employs most people in the UK — and 1.2 million were at risk in manufacturing, 1.1 million in administrative and support services and 950,000 in transport and storage. ②The report said the biggest impact would be on workers who had left school at 16 years old or earlier, and that there was an argument for government intervention in education, lifelong learning and job matching to ensure the potential gains from automation were not concentrated in too few hands. ③Some form of universal basic income might also be considered.

1

✅ **読解の重要ポイント**

① 近い将来，多くの人がロボットに仕事を奪われる可能性があると述べ，文章全体にわたるテーマを提起している。

🔑 **キーワード**

① replace「〜に取って代わる，〜を置き換える」
①④ robot「ロボット」
①④ automation「自動化」
① routine task「定型作業」
① machine「機械，機械の」
② artificial intelligence (AI)「人工知能（AI）」
④ job opportunity「雇用の機会」

2

✅ **読解の重要ポイント**

②③ 最も影響を受けるのは 16 歳以前に学校を辞めた労働者であるという，コンサルタント会社 PwC の分析を紹介し，対策が必要だと述べている。

🔑 **キーワード**

③ universal basic income「ユニバーサル・ベーシック・インカム（最低所得保障）」

全文訳

語句

1 ▶▶人工知能の飛躍的な進歩が仕事にもたらす影響

①新たな機械化の時代において，定型作業の自動化が加速する中，1,000万人を超えるイギリスの労働者は15年以内にロボットに取って代わられる高いリスクを抱えている。

②コンサルタント会社プライスウォーターハウスクーパース(PwC)の報告書によると，イギリス国内の30％の仕事が人工知能(AI)の飛躍的な進歩により潜在的に脅威にさらされていることがわかった。

③一部の業種では，仕事の半分がなくなる可能性もある。

④報告書は，自動化が生産性を向上させ，新たな雇用の機会を創出すると予測しているが，高い技術を必要としない作業にロボットが使われる機会がますます増えることから生じる不平等の拡大を防ぐため，行動が必要であるとも述べている。

2 ▶▶コンサルタント会社 PwC による分析と報告

①PwC は，イギリス国内で最多の労働者を抱える卸売業と小売業において，225万人分もの雇用が高いリスクにさらされており，製造業では120万人，管理・支援サービス業では110万人，運送業および倉庫業では95万人分もの雇用がリスクにさらされていると述べている。

②報告書によると，最も大きな影響を受けるのは16歳以前に学校を辞めた労働者であり，自動化による潜在的な利益がごく少数の手に集中しないようにするため，教育，生涯学習，職業紹介への政府の介入を支持する論拠があるとのことである。

③ある種のユニバーサル・ベーシック・インカム(最低所得保障)についてもまた，検討することになるかもしれない。

1

① at risk of *doing*「…する危険がある」
　replace「～に取って代わる，～を置き換える」
　automation「自動化」
　routine task「定型作業」
　gather pace「加速する」
② consultancy firm「コンサルタント会社」
　potentially「潜在的に」
　under threat「脅威にさらされている」
　breakthrough「飛躍的進歩，大成功」
③ sector「部門，業種」
④ boost「～を促進する，～を増加させる」
　job opportunity「雇用の機会」
　inequality「不平等」
　result from ～「～から(結果として)生じる」
　increasingly「ますます」

2

① wholesale「卸売り」
　retailing「小売業」
　manufacturing「製造業」
　administrative「管理の」
　transport「運送，輸送」
　storage「保管，倉庫」
② argument for ～「～を支持する論拠」
　intervention「介入」
　lifelong learning「生涯学習」
　job matching「職業紹介」
　ensure (that) S V ...「…を確実にする」

5

3 ①Jon Andrews, the head of technology and investments at PwC, said: "There's no doubt that AI and robotics will rebalance what jobs look like in the future, and that some are more susceptible than others. ②What's important is making sure that the potential gains from automation are shared more widely across society and no one gets left behind. ③Responsible employers need to ensure they encourage flexibility and adaptability in their people so we are all ready for the change. ④In the future, knowledge will be a commodity so we need to shift our thinking on how we give future generations the necessary skills. ⑤Creative and critical thinking will be highly valued, as will emotional intelligence."

4 ①Education and health and social care were the sectors seen as least threatened by robots because of the high proportion of tasks seen as hard to automate. ②Because women tend to work in sectors that require a higher level of education and social skills, PwC said they would be less in jeopardy of losing their jobs than men, who were more likely to work in sectors such as manufacturing and transportation. ③Thirty-five per cent of male jobs were identified as being at high risk against 26% of female jobs.

3
☑ 読解の重要ポイント
② 重要なことは，ロボットや AI による自動化の恩恵が共有され，脱落者を生み出さないことであるという，ジョン・アンドリュース（PwC の技術・投資部門のトップ）のコメントを紹介している。

🔑 キーワード
① robotics「ロボット工学」

4
☑ 読解の重要ポイント
①② 自動化が困難な業種や，女性が就く傾向の強い，高い水準の教育と社会的スキルが要求されるような業種は，ロボットに取って代わられるリスクが比較的低い仕事であると述べている。

🔑 キーワード
① automate「～を自動化する」
② lose *one's* job「仕事を失う」

3 ▶▶ PwC のジョン・アンドリュースによるコメント

①PwC の技術・投資部門のトップであるジョン・アンドリュースは、次のように述べている。「間違いなく AI とロボット工学によって、将来における仕事のあり方が再調整されるでしょうし、中には他の仕事よりも影響を受けやすい仕事もあります」

②「重要なことは、自動化による潜在的な利益が社会全体でより広く共有され、誰も取り残されないようにすることです」

③「責任ある雇用主は、私たち全員が変化に対して備えられるように、従業員の柔軟性と適応力を促進するよう努める必要があります」

④「将来、知識はコモディティ化するため、私たちは必要なスキルを将来の世代にどのようにして授けるかについて、考え方を変える必要があります」

⑤「心の知能と同様に、創造的思考と批判的思考が高く評価されることになるでしょう」

4 ▶▶ロボットに取って代わられるリスクが低い仕事

①教育、医療、社会福祉は、自動化することが困難だと考えられている作業の割合が高いため、ロボットによって最も脅かされない業種だと考えられている。

②女性はより高い水準の教育と社会的スキルが要求される業種で働く傾向にあるため、製造業や運輸業といった業種で働く傾向が強い男性と比較して、仕事を失う危険性が低いだろうと PwC は述べている。

③男性の仕事の 35％ が高いリスクにさらされていると認定されたのに対して、女性の仕事の場合は 26％ であった。

3

① investment「投資」
There's no doubt that S V ...
「…は間違いない、…については疑いの余地がない」
rebalance「再び～のバランスをとる、～のバランスを取り戻す」
susceptible「影響を受けやすい」

② make sure that S V ...「…を確実にする」

③ responsible「責任がある」
flexibility「柔軟性」
adaptability「適応力」

④ commodity「商品、コモディティ」

⑤ creative thinking「創造的思考」
critical thinking「批判的思考」
emotional intelligence「感情知能、心の知能」

5

4

① social care「社会福祉」
see A as B「A を B とみなす」
threaten「～を脅かす」
proportion「比率、割合」

② require「～を必要とする、～を要求する」
in jeopardy of *doing*「…する危険がある」
transportation「運輸、交通」

③ identify A as B「A を B とみなす、A を B と認定する」

5 ①The PwC study is the latest to assess the potential for job losses and heightened inequality from AI. ②Robert Schiller, a Nobel-prize winning US economist, has said the scale of the workplace transformation set to take place in the coming decades should lead to consideration of a "robot tax" to support those machines make redundant. ③John Hawksworth, PwC's chief economist, said: "A key driver of our industry-level estimates is the fact that manual and routine tasks are more susceptible to automation, while social skills are relatively less automatable. ④That said, no industry is entirely immune from future advances in robotics and AI.

6 ①"Automating more manual and repetitive tasks will eliminate some existing jobs but could also enable some workers to focus on higher value, more rewarding and creative work, removing the monotony from our day jobs. ②By boosting productivity — a key UK weakness over the past decade — and so generating wealth, advances in robotics and AI should also create additional jobs in less automatable parts of the economy as this extra wealth is spent or invested."

5

☑ 読解の重要ポイント

②③④ これまでに述べられた
分析と報告に対して，経済
学者ロバート・シラーの意
見と PwC のチーフエコノ
ミストであるジョン・ホー
クスワースのコメントを紹
介している。

🔑 キーワード

② robot tax「ロボット税」
③ manual task「手作業」
③ automatable「自動化で
きる」

6

☑ 読解の重要ポイント

①② 自動化は既存の仕事の喪
失を招くという一面もある
が，仕事の価値や質を高め
てくれる可能性や新たな雇
用を生み出す可能性もある
という，ジョン・ホークス
ワースの肯定的なコメント
を紹介している。

🔑 キーワード

① repetitive task「反復作業」

5 ▶▶経済学者ロバート・シラーによるコメントと PwC のジョン・ホークスワースによるコメント

①PwC による調査は，AI による雇用喪失と不平等拡大の可能性を評価する最新のものである。

②ノーベル賞を受賞したアメリカの経済学者ロバート・シラーは，今後数十年の間に起こるとされる職場変革の規模は，機械によって余剰人員となる人々を支援するための「ロボット税」の検討につながるはずだと述べた。

③PwC のチーフエコノミストであるジョン・ホークスワースは，次のように述べている。「我々の産業別推計の鍵となる要因は，手作業や定型作業は比較的自動化の影響を受けやすく，一方で社会的スキルは比較的自動化しにくいという事実です」

④「とは言え，将来におけるロボット工学と AI の進歩の影響を全く受けない業界はありません」

6 ▶▶ PwC のジョン・ホークスワースによるコメント

①「より多くの手作業や反復作業を自動化すれば，既存の仕事の一部はなくなりますが，一部の労働者はより価値の高い，よりやりがいのある，創造的な仕事に集中することができ，私たちが現在就いている仕事から単調さを取り除いてくれるかもしれません」

②「過去 10 年間にわたってイギリスの大きな弱点であった生産性を強化し，富を生み出すことによって，ロボット工学と AI の進歩はまた，比較的自動化しにくい経済の部分において，さらなる雇用を創出するはずです。というのも，新たに生み出された富が消費され，投資されるからです」

5
① assess「〜を評価する」
　job loss「雇用の喪失」
② take place「起こる，生じる」
　decade「10 年間」
　lead to 〜「〜につながる」
　robot tax「ロボット税」
　redundant「不要な，余剰の」
③ estimate「見積り，推定」
　relatively「比較的」
④ that said「そうは言っても」
　immune「免疫のある，影響を受けない」

6
① repetitive「繰り返しの」
　eliminate「〜を取り除く」
　existing「既存の」
　enable 〜 to *do*「〜が…することを可能にする」
　rewarding「やりがいのある，利益が得られる」
　remove *A* from *B*「A を B から取り除く」
　monotony「単調さ」
② generate「〜を生み出す」
　additional「追加の，さらなる」

5

7 ①He added that the UK employment rate of just under 75% was at its highest level since modern records began in 1971, suggesting that advances in digital and other labour-saving technologies had been accompanied by job creation. ②He said it was not clear that the future would be different from the past in terms of how automation would affect overall employment rates.

8 ①The fact that it was technically possible to replace a worker with a robot did not mean it was economically attractive to do so and would depend on the relative cost and productivity of machines compared with humans, Hawksworth said. ②PwC expects this balance to shift in favour of robots as they become cheaper to produce over the coming decades. ③"In addition, legal and regulatory hurdles will slow down the shift towards AI and robotics even where this becomes technically and economically feasible. ④And this may not be a bad thing if it gives existing workers and businesses more time to adapt to this brave new world," he said.

☑ 読解の重要ポイント

①② 1971 年以来最高の水準にあるイギリスの雇用率の例を挙げて，技術の進歩が現在までは雇用の創出につながっていること，未来における可能性は未知数であることを述べた，ジョン・ホークスワースの意見を紹介している。

☑ 読解の重要ポイント

③④ 労働者をロボットに置き換えるという動きは，法律上，規制上の障壁によって今後鈍くなる可能性があるが，労働者や企業がそれに適応するための猶予期間となるのであれば悪いことではないのかもしれないという，ジョン・ホークスワースのコメントを紹介している。

7 ▶ ▶ PwC のジョン・ホークスワースによるコメント

①彼は，イギリスの雇用率は75％弱と，現代の記録が1971年に始まって以来最高の水準にあり，これはデジタル技術やその他の省力化技術の進歩に伴う雇用の創出を示唆していると付け加えた。

②彼は，自動化が雇用率全体にどのような影響を与えるかという点で，未来が過去と異なるかどうかは明らかではないと述べた。

8 ▶ ▶ PwC のジョン・ホークスワースによるコメント

①労働者をロボットに置き換えることが技術的に可能であるという事実は，そうすることが経済的に見て魅力的だということを意味するわけではなく，人間と比較した機械の相対的なコストと生産性に左右されるだろうとホークスワースは述べた。

②PwC は，今後数十年の間にロボットが安価に製造できるようになるにつれて，このバランスはロボットに有利になると予想している。

③「また，たとえ技術的・経済的に実行可能な場合でも，法律上や規制上の障壁によって，AI やロボット工学へ移行する動きは鈍くなるでしょう」

④「そしてこれは，既存の労働者や企業にこの素晴らしい新世界に適応する時間を与えるのであれば，悪いことではないのかもしれません」と彼は述べた。

7
① add that S V ...「…と付け加える」
employment rate「雇用率」
digital「デジタルの」
labour-saving「省力化の」
accompany「〜に伴う」
② in terms of 〜「〜の観点から」
affect「〜に影響を与える」
overall「全体の」

8
① technically「技術的に」
economically「経済的に」
attractive「魅力的な」
relative「相対的な」
② in favour of 〜「〜に有利になる，〜に賛成して」
③ legal「法律(上)の」
regulatory「規制(上)の」
slow down「〜を減速させる，〜を鈍くする」
feasible「実行可能な」
④ adapt to 〜「〜に適応する」

5

問1 Why does the report say that the government should intervene in (1) education?

「報告書はなぜ，政府が (1) 教育に介入すべきだと述べているのか」

- (a) to support teachers who are at risk of losing their jobs
  「仕事を失う恐れのある教師を支援するため」
- (b) to teach people about universal basic income
  「ユニバーサル・ベーシック・インカム（最低所得保障）について人々に教えるため」
- (c) to spread the benefits of the robotic revolution to more people
  「ロボット革命の恩恵をより多くの人々に広めるため」
- (d) to help 16-year olds find employment
  「16歳の人々が職を見つけるのを手助けするため」

解説 まずは，下線部 **(1)** を含む **2**②全体の意味を把握する。同文は，「報告書によると，最も大きな影響を受けるのは16歳以前に学校を辞めた労働者であり，自動化による潜在的な利益がごく少数の手に集中しないようにするため，教育，生涯学習，職業紹介への政府の介入を支持する論拠があるとのことである」という意味である。よって，「自動化による潜在的な利益がごく少数の手に集中しないようにするため」と同じ内容を述べた **(c)** が正解。**(a)**，**(b)**，**(d)** は本文に記述がないため，誤り。なお，選択肢 **(b)** には universal basic income，選択肢 **(d)** には 16-year olds（本文では 16 years old）と，下線部 **(1)** 付近に登場する語句が使われているが，政府が教育に介入すべきだとする理由とは無関係である。本文に登場する語句を使った誤りの選択肢に注意しよう。

問2 Which of the following from (a) — (e) does NOT match what (2) Jon Andrews said about the future of automation? Choose all the answers that apply.

「以下の **(a)**～**(e)** のうち，(2) ジョン・アンドリュースが自動化の将来について述べたことと合致しないものはどれか。当てはまる解答をすべて選びなさい。」

- (a) Artificial Intelligence will change how the employment market looks in the future.
  「人工知能は将来の雇用市場のあり方を変えるだろう」
- (b) Employers will need to think critically about emotional intelligence.
  「雇用主は心の知能について批判的に考える必要がある」
- (c) The training of employees will be necessary to create a flexible workforce.
  「柔軟な労働力を創出するため，従業員の教育が必要になるだろう」
- (d) Jobs in certain industries are more likely to be lost to robotics than others.
  「特定の産業の仕事は，他の産業の仕事よりもロボット工学によって奪われる可能性が高い」

（e）It will be important to divide the benefits of automation to avoid creating winners and losers.

「勝者と敗者を生み出さないように，自動化の恩恵を分配することが重要になるだろう」

解説 ジョン・アンドリュースが自動化の将来について述べたことと「合致しない」選択肢を「すべて」選ぶ問題。**3**で紹介されているジョン・アンドリュースによるコメントの要旨を正確に把握する力が問われている。正解は**(b)**, **(c)**であるが，他の選択肢が本文の内容と一致していることを丁寧に確認してほしい。

（a）コメントの内容と「合致する」。**3**①「間違いなく AI とロボット工学によって，将来における仕事のあり方が再調整されるでしょうし，…」が，選択肢**(a)**では，「人工知能は将来の雇用市場のあり方を変えるだろう」と言い換えられている。

（b）コメントの内容と「合致しない」。**3**⑤に「心の知能と同様に，創造的思考と批判的思考が高く評価されることになるでしょう」という記述はあるが，「雇用主は心の知能について批判的に考える必要がある」という記述はない。

（c）コメントの内容と「合致しない」。**3**③に「責任ある雇用主は，私たち全員が変化に対して備えられるように，従業員の柔軟性と適応力を促進するよう努める必要があります」という記述はあるが，「柔軟な労働力を創出するため，従業員の教育が必要になるだろう」という記述はない。

（d）コメントの内容と「合致する」。**3**①「…中には他の仕事よりも影響を受けやすい仕事もあります」が，選択肢**(d)**では，「特定の産業の仕事は，他の産業の仕事よりもロボット工学によって奪われる可能性が高い」と言い換えられている。

（e）コメントの内容と「合致する」。**3**②「重要なことは，自動化による潜在的な利益が社会全体でより広く共有され，誰も取り残されないようにすることです」が，選択肢**(e)**では，「勝者と敗者を生み出さないように，自動化の恩恵を分配することが重要になるだろう」と言い換えられている。

問3 Which of the following from（a）—（d）matches what the PwC's chief economist says about the (3) UK employment rate?

「以下の**(a)**〜**(d)**のうち，PwC のチーフエコノミストが (3) イギリスの雇用率について述べていることと合致するものはどれか」

（a）It is high now, but it was higher under the old records before 1970.

「現在は高いが，1970 年以前の古い記録ではもっと高かった」

（b）Since 1971, digital technologies have had a negative impact on jobs.

「1971 年以降，デジタル技術は雇用に悪影響を及ぼしてきた」

（c）Less than a quarter of UK workers are unemployed at the moment.

「現在，イギリスの労働者の 4 分の 1 未満が失業している」

（d）Even when new technology takes away jobs, other employment opportunities may be made.

「たとえ新しい技術が仕事を奪っても，別の雇用機会が生まれるかもしれない」

解説 PwC のチーフエコノミスト（ジョン・ホークスワース）がイギリスの雇用率について述べたことと「合致する」選択肢を選ぶ問題。ジョン・ホークスワースによるコメントは**5**～**8**で紹介されているが，イギリスの雇用率について述べられている下線部 **(3)** 付近を中心に，コメントの要旨を正確に把握する力が問われている。**6**全体の内容を要約し，言い換えた **(d)** が正解。言い換えの中には，ただ単語を言い換えているだけのものもあれば，文全体を言い換えているもの，段落全体を言い換えているものなど，さまざまな種類がある。選択肢を検討するときには，常に本文の言い換え表現が含まれていないかを意識しよう。**(a)** は本文に記述がないため，誤り。**(b)** は**7**①に反し，誤り。**(c)** は**7**①から，現在のイギリスの雇用率が 75％弱である（イギリスの労働者の 4 分の1 強が失業している）ことがわかるため，誤り。

問4 Choose the most suitable answer from (**a**) — (**d**) which is closest in meaning to the underlined part (**4**).

「下線部 (**4**) の意味に最も近いものとして最適な解答を (**a**)〜(**d**) から選びなさい」

 (**a**) Price Waterhouse Coopers believes that cheaper robots of the future will have better balance.
　　　「プライスウォーターハウスクーパースは，未来のより安価なロボットがより良いバランスを保つと考えている」

 (**b**) PwC anticipates that it will take many years before workers create cheap robots.
　　　「PwC は，労働者が安価なロボットを創り出すまでには何年もかかると予測している」

 (**c**) The consultancy firm projects that the cost-performance of automation will continue to improve.
　　　「コンサルタント会社は，自動化のコストパフォーマンスが改善し続けると見積もっている」

 (**d**) The authors of the report suggest that the relative cost and productivity of robots is most favourable now.
　　　「報告書の著者は，ロボットの相対的なコストと生産性は，現在が最も好ましいものであると示唆している」

解説 下線部 (**4**) は，「PwC は，このバランスはロボットに有利になると予想している」という意味である。しかし，this balance「このバランス」というのは抽象的な表現であり，内容が明確ではないため，this が指し示す内容を本文中から探す。this が指し示す内容は，this よりも前に書かれているのが一般的であるため，下線部を含む文よりも前に目を向ける。すると，**8**①に「労働者をロボットに置き換えることが技術的に可能であるという事実は，そうすることが経済的に見て魅力的だということを意味するわけではなく，人間と比較した機械の相対的なコストと生産性に左右されるだろう…」という記述を見つけることができる。ここから，「このバランス」とは「人間と機械を比較した際のコストと生産性のバランス」を指していることがわかるため，**(c)** が正解。

問5 Read sentences (X) and (Y) below and choose the most suitable answer (a) — (d) based on the contents of the passage.

「以下の(X)と(Y)の文を読み，文章の内容に基づいた最適な解答を(a)〜(d)から選びなさい」

(X) By slowing down the adoption of new technology, regulation can help people adapt to the change caused by robots.

「新しい技術の導入を遅らせることによって，規制はロボットによりもたらされる変化に人々が適応するのを手助けすることができる」

(Y) By investing the profits of automation from an increase in productivity, companies may create other manufacturing jobs.

「生産性の向上による自動化の利益を投資することで，企業は別の製造業の雇用を創出するかもしれない」

(a) (X) is correct and (Y) is incorrect. 「(X)は正しく，(Y)は誤りである」
(b) (X) is incorrect and (Y) is correct. 「(X)は誤りであり，(Y)は正しい」
(c) Both (X) and (Y) are correct. 「(X)と(Y)はどちらも正しい」
(d) Neither (X) nor (Y) is correct. 「(X)と(Y)はどちらも正しくない」

5

解説 (X)，(Y)それぞれの文について，文章の内容に基づいた正誤を判断する問題。根拠箇所にあたりをつけながら，本文を丁寧に読む力が問われている。

(X) By slowing down the adoption of new technology「新しい技術の導入を遅らせることによって」や regulation can help people adapt「規制は人々が適応するのを手助けすることができる」といった内容を念頭に置き，本文を読み進める。すると，**8**③，④に「『また，たとえ技術的・経済的に実行可能な場合でも，法律上や規制上の障壁によって，AIやロボット工学へ移行する動きは鈍くなるでしょう。そしてこれは，既存の労働者や企業にこの素晴らしい新世界に適応する時間を与えるのであれば，悪いことではないのかもしれません』と彼は述べた」という記述を見つけることができる。よって，(X)は正しい記述であると判断できる。

(Y) By investing the profits of automation「自動化の利益を投資することで」や companies may create other manufacturing jobs「企業は別の製造業の雇用を創出するかもしれない」といった内容を念頭に置き，本文を読み進める。すると，**6**②に「『過去10年間にわたってイギリスの大きな弱点であった生産性を強化し，富を生み出すことによって，ロボット工学とAIの進歩はまた，比較的自動化しにくい経済の部分においても，さらなる雇用を創出するはずです。というのも，新たに生み出された富が消費され，投資されるからです』」という記述を見つけることができる。しかし，ここで言及されている「さらなる雇用」とは，「比較的自動化しにくい経済の部分における雇用」のことであり，「別の製造業の雇用」ではない。よって，(Y)は誤りの記述であると判断できる。

以上より，(X)は正しく(Y)は誤りであることがわかるため，(a)が正解。

重要構文解説

1 $_{④}$ $_S$The report $_V$predicted $_O$[that $_{S'}$automation $_{V'}$would $_❶$boost $_{O'}$productivity and $_❷$ $_{V'}$create $_{O'}$fresh job opportunities], but $_S$it $_V$said $_O$[$_{S'}$action $_{V'}$was needed ⟨to prevent the widening inequality ($_{S''}$that $_{V''}$would result from robots increasingly being used for low-skill tasks)⟩].

> but によって文と文がつながれている。result from 以下には，increasingly being used for low-skill tasks という動名詞句があり，robots はその意味上の主語のはたらきをしている。

5 $_{②}$ $_S$Robert Schiller, a Nobel-prize winning US economist, $_V$has said $_O$[$_{S'}$the scale (of the workplace transformation (set to take place ⟨in the coming decades⟩)) $_{V'}$should lead to consideration of a "robot tax" ⟨to support those ($_{S''}$machines $_{V''}$make $_{C''}$redundant)⟩].

> Robert Schiller と a Nobel-prize winning US economist は同格の関係。machines make redundant は make O C 「O を C にする」という表現の O が欠けた形であり，直前に those を先行詞とする関係代名詞 that が省略されていると考えることができる。

6 $_{①}$" $_S$[Automating more manual and repetitive tasks] $_❶$ $_V$will eliminate $_O$some existing jobs but $_❷$ $_V$could also enable $_O$some workers $_{to V}$to focus on higher value, more rewarding and creative work, ⟨removing the monotony ⟨from our day jobs⟩⟩.

> Automating more manual and repetitive tasks は動名詞句であり，文の主語のはたらきをしている。removing 以下は，文末の分詞構文。

「AIとロボットの発達」

基本の知識

　AI(人工知能)やロボット技術の発達は，私たちにさまざまな恩恵をもたらしてくれます。スマートスピーカーやお掃除ロボットから自動運転車まで，AIの技術は生活のあらゆる場面に応用されています。また，膨大なデータの計算や分析を得意とするAIは，明日の気温から金融市場の先行きに至るまで，幅広い分野で予測を行い，現代人の快適な生活を維持するために欠かせない存在となっています。さらに，これまでは人の手によって行われていた単純な定型作業の多くをAIやロボットに任せることで，企業は生産性を飛躍的に向上させることができると言われています。原子力発電所の内部や災害現場など，人間が立ち入ることが困難な場所においても，ロボットならば稼働できるというメリットもあります。

　一方で，AIやロボット技術の急速な進歩に伴うリスクも指摘されています。それは，AIやロボットが人間の仕事を奪う結果，多くの人が失業してしまうという問題です。多くの業種では，すでに大量の解雇が始まっており，大きな社会問題となっています。そこで，失業対策として，政府が全国民に一定額の給付を行うユニバーサル・ベーシック・インカム(最低所得保障)制度の導入が検討されています。また，ロボットによる自動化で失業する労働者の生活資金を確保するために，ロボットを利用する企業に課税する「ロボット税」の導入も提唱されています。しかし，財源の確保が難しいことや，イノベーションを推進する企業の動機を奪うことに対する懸念などから，これらの対策の導入には慎重論や反対論も多いところです。

　AIやロボットの発達は，大きな転換点を迎えています。急速に進化し，社会を大きく変えるAIやロボットとどのように向き合うかは，全世界が抱えている課題です。

入試の出題傾向

　AIやロボットをテーマにした文章は全国の大学入試問題で出題されています。多くの場合，AIやロボットの進化を紹介する内容ですが，AIやロボットが進化した結果として人間の生活にどのような影響を与えるかなどに言及する文章もあります。

類題出題歴 鳥取大(2018)，九州大(2019)，同志社大(2019)，東京理科大(2020)，北里大(2021)，法政大(2021)，専修大(2022)　など

文章の展開と読み方

　AIやロボットをテーマにした文章はキーワードが特殊なため，あらかじめ頭に入れておくとよいでしょう。今回のような文章では，AIやロボット技術の発達がもたらすプラスの側面とマイナスの側面を整理しながら読むと読みやすくなるはずです。

音声 19　　　　　　　　　　　　　　　　　　　　　※★は本文に出てきたキーワード

★ □ **artificial intelligence (AI)**	名 人工知能（**AI**）
★ □ **robot**	名 ロボット
★ □ **automation**	名 自動化 関連表現 **automate**「〜を自動化する」 **automatable**「自動化できる」
★ □ **replace**	動 〜に取って代わる，〜を置き換える
★ □ **job opportunity**	名 雇用の機会
★ □ **routine task**	名 定型作業
★ □ **manual task**	名 手作業
★ □ **repetitive task**	名 反復作業
★ □ **universal basic income**	名 ユニバーサル・ベーシック・インカム（最低所得保障）
★ □ **robot tax**	名 ロボット税
□ **industrial robot**	名 産業用ロボット
□ **mass production**	名 大量生産
□ **standardization**	名 標準化，規格化

☞ 「**AI**（**artificial intelligence**）」や「ロボット（**robot**）」技術の発達により，「自動化（**automation**）」が進み，ロボットが人間に「取って代わる（**replace**）」ことで，人間の「雇用の機会（**job opportunity**）」が失われるのではないかということが問題となっています。「定型作業（**routine task**）」や「手作業（**manual task**）」，「反復作業（**repetitive task**）」など，社会的スキルを必要としない業種は特に影響を受けやすいとされています。

☞ 雇用の機会を奪われる労働者のために，「ユニバーサル・ベーシック・インカム（**universal basic income**）」や「ロボット税（**robot tax**）」といった制度の導入が提唱されています。

☞ 人間の代わりに工場などで作業を行う「産業用ロボット（**industrial robot**）」は，20世紀中ごろに初めて登場し，それ以降，さまざまなモノの「大量生産（**mass production**）」を可能にしてきました。また，生産のプロセスを一定のルールに基づくものにすることで生産性の向上と費用の削減を可能にする「標準化（**standardization**）」は，大量生産を支える手法の1つです。

NEXT » さらに広げる！「社会問題」の重要キーワード

● 「社会問題」に関連するキーワード

貧困問題

音声 20

□ poverty	图 貧困
□ inequality	图 不平等
□ hunger	图 飢餓，飢餓状態
□ infrastructure	图 インフラ(インフラストラクチャー)
□ poverty trap	图 貧困の罠
□ cycle of poverty	图 貧困の連鎖
□ redistribution	图 所得再分配
□ the wealthy / the rich	图 富裕層，お金持ち
□ the poor	图 貧困層

☞ 世界では，「**貧困(poverty)**」が大きな問題となっています。「**不平等(inequality)**」から生じる貧困により，多くの人が「**飢餓状態(hunger)**」にあります。

☞ 十分な教育や医療を受けられないことや，電気やガスや水道などの「**インフラストラクチャー(infrastructure)**」整備による恩恵を受けられない結果，所得を増やす機会に恵まれず，貧困から抜け出すことができないという悪循環を「**貧困の罠(poverty trap)**」と呼びます。世代をまたいだ「**貧困の連鎖(cycle of poverty)**」も問題となっており，連鎖を断ち切るための取り組みの必要性が訴えられています。

☞ 不平等を是正するための考え方の1つに「**所得の再分配(redistribution)**」と呼ばれるものがあります。これは，「**富裕層(the wealthy)**」に重税を課し，その税収を「**貧困層(the poor)**」に回すという考え方です。

難民問題

音声 21

□ persecution	图 迫害
□ forced displacement	图 強制移住
□ refugee	图 難民

☞ 世界には，戦争や自然災害，人種差別，宗教的または政治的な「**迫害(persecution)**」などによって，「**強制移住(forced displacement)**」を余儀なくされる人々がいます。生まれた国や地域を越えて助けを求める「**難民(refugee)**」の受け入れは，大きな社会問題になっています。

「運動が身体と精神にもたらす良い効果」

解答 | 問題 ▶ 別冊 p.28 | 設問解説 ▶ p.90

問1（a） 問2（b） 問3（a） 問4(1)（a） (2)（d）

問題英文

：読解の重要ポイント　青字：テーマに関連するキーワード

1 ①Over the last ten-plus years, we have seen various trends in exercise science. ②With the arrival of the new year, I thought it would be worthwhile to look back at some of the persistent themes, revelations and surprises from the past decade.

2 ①Perhaps most obviously, this has been a decade of greatest HIITs (high-intensity interval trainings), with multiple studies and subsequent media articles asserting that hard but super-short workouts (HIITs) improve fitness and health to about the same extent as much longer, more moderate exercise. ②Since 2010, I have learned a number of seven-minute, four-minute, one-minute, 20-second and 10-second interval routines, with each workout's declining length increasing its appeal. ③For many of us, the exercise of choice may be the briefest.

3 ①At the same time, though, other studies showed that gentle exercise is also meaningful, even if it barely qualifies as exercise. ②In one of my favorite studies from this year, researchers found that older women who regularly walked about 3 km a day, or a little more than 4,000 steps, lived longer than women who covered only about 2,000 steps, or 1.5 km. ③Going those extra kilometers altered how long and well women lived.

1

☑ **読解の重要ポイント**

①② ここ十数年における運動科学の動向を振り返りたいと述べ，文章全体の導入をしている。

🔑 **キーワード**

① exercise science「運動科学」

2

☑ **読解の重要ポイント**

① ここ10年はHIITs（高強度インターバルトレーニング）の10年であったと述べている。

🔑 **キーワード**

①② workout「トレーニング，運動」
① fitness「体調，健康，フィットネス」
① moderate exercise「適度な運動」

3

☑ **読解の重要ポイント**

① 穏やかな運動にも意味があることが，他の研究によって示されていると述べている。

近年，運動科学の世界は目覚ましい進化を遂げている。一般的に，運動不足は心身にさまざまな悪影響を及ぼすと言われているため，定期的な運動を心がけている人もいるかもしれない。このとき，どのような運動をどの程度したらいいのかについては，この運動科学という分野で研究が続けられてきた。この文章では比較的新しい研究成果が紹介されている。その内容と課題に着目しながら読み進めてほしい。

全文訳

1 ▶▶これから，運動科学の近年の動向を振り返る

①ここ十数年，運動科学においてはさまざまな動向が見られた。

②新年を迎えるにあたり，ここ 10 年間の継続的なテーマや明らかになった事実，驚くべきことについて振り返ってみるのも有益ではないかと考えた。

2 ▶▶ここ 10 年は HIITs の時代であった

①ハードではあるがごく短時間で行われるトレーニング（HIITs）が，はるかに長い時間行われるより適度な運動と同程度に体調や健康を改善するということは，複数の研究およびその後のメディア記事が主張するところであり，ここ 10 年が最大の HIITs（高強度インターバルトレーニング）の時代であったということは，もしかするとこのうえなく明白なことであるのかもしれない。

②2010 年以降，私は 7 分，4 分，1 分，20 秒，10 秒といったさまざまなインターバル・ルーティーンを学んできたが，それぞれのトレーニングの長さが短くなるにつれて，その魅力は増していった。

③私たちの多くにとって，一般的に好まれる運動は，最も短い時間のものであるのかもしれない。

3 ▶▶穏やかな運動にも意味がある

①しかし同時に，他の研究では，たとえ運動とはほとんど認められないとしても，穏やかな運動にも意味があることが示された。

②今年のお気に入りの研究の 1 つでは，1 日に 3 キロメートル，つまり 4,000 歩強を定期的に歩く高齢女性は，わずか 2,000 歩ほど，つまり 1.5 キロメートルしか歩かない女性よりも長生きすることを研究者たちが発見した。

③このように，追加で数キロメートルを歩くことが，女性の寿命や健康状態を変えるのである。

語句

1
① trend「傾向，動向」
　exercise science「運動科学」
② arrival「到着，到来」
　worthwhile「価値がある」
　persistent「持続する」
　revelation「新事実，明らかになったこと」
　decade「10 年間」

2
① obviously「明らかに」
　HIIT「高強度インターバルトレーニング」
　intensity「激しさ」
　interval「インターバル，間隔」
　multiple「多数の，複数の」
　subsequent「それに続く，その後の」
　assert that S V ...「…と主張する」
　workout「トレーニング，運動」
　fitness「体調，健康，フィットネス」
　to ～ extent「～の程度まで」
　moderate「適度な」
② decline「減少する，低下する，衰退する」
　appeal「魅力」
③ of choice「えり抜きの，一般に好まれる」
　brief「短時間の，簡潔な」

3
① barely「ほとんど～ない」
　qualify as ～「～としての資格がある」
② regularly「定期的に」
③ alter「～を変える」

6

4 ①In fact, a recurring concern of exercise science over the recent decade has been whether and how exercise affects aging, and the results generally suggest that it does — and widely so. ②In various recent studies, active older people's muscles, immune systems, blood cells and even skin appeared biologically younger than those of sedentary people.

5 ①Their brains also tended to look and work differently. ②In what may be, for me, the most inspiring area of fitness research from the past decade, scientists have found and reaffirmed the extent to which movement, of almost any kind and amount, may remake how we think and feel. ③In one study after another, physical activity benefitted the brains of children and the middle-aged. ④It lowered people's risks for dementia or, if dementia had already begun, slowed memory loss. ⑤It also increased brain volume and connections between neurons and different portions of the brain.

6 ①Exercise also seems able to improve moods far more than most of us, including scientists, might have expected a decade ago. ②In observational studies, physically active people proved to be much less likely to develop depression or anxiety than sedentary people, no matter what types of activities they chose. ③Walking, jogging, gardening, weight training, swimming, biking, hiking or even rising from an office or living room chair often and walking across the room seemed to make people happier and less vulnerable to mood problems than remaining still. ④Moreover, in mice, exercise changed the inner workings of some of their neurons in ways that then made them less excitable and less inclined to experience patterns of activity associated with anxiety. ⑤Exercise made their cells and brains calmer.

4

☑ 読解の重要ポイント

①② さまざまな研究から，運動は老化に対して幅広い影響を与えることがわかっていると述べている。

🔑 キーワード

② sedentary「座りがちな，運動不足の」

5

☑ 読解の重要ポイント

① 運動は脳の見た目や働きにも影響を与えると述べている。

🔑 キーワード

③ physical　activity「身体（的）活動」
④ dementia「認知症」

6

☑ 読解の重要ポイント

① 運動は気分の改善にもつながると述べている。

🔑 キーワード

② physically active「身体的に活発な，体をよく動かす」
② develop「～を患う，～を発症する」
② depression「うつ」
②④ anxiety「不安症，不安」

4 ▶▶運動は老化に対して幅広い影響を与える

①実際のところ，ここ10年の間に繰り返し取り上げられてきた運動科学についての関心事は，運動が老化に影響を与えるのかどうか，またどのように影響を与えるのかということであり，その結果は，概してそうであること（運動が老化に影響を与えること），しかも幅広い影響を与えることを示唆している。

②最近のさまざまな研究では，活動的な高齢者の筋肉，免疫系，血液細胞，そして皮膚までもが，座りがちな人々のそれらよりも生物学的に若いように見受けられた。

5 ▶▶運動は脳にも良い影響をもたらす

①彼らの脳もまた，見た目や働きに異なる傾向があった。

②ここ10年間のフィットネス研究の中で，私にとって最も刺激的であるかもしれない分野において，およそどんな種類や量のものであろうと，運動がどれほど私たちの考え方や感じ方を再形成するかについて，科学者たちは発見し再確認をした。

③相次いで行われた研究では，身体活動が子どもや中高年者の脳に良い影響をもたらした。

④それは認知症のリスクを下げ，また認知症がすでに始まっている場合でも，記憶力の低下を遅らせた。

⑤また，それは脳の体積を増やし，ニューロンと脳のさまざまな部位の結合を増加させた。

6 ▶▶運動は気分を改善することにもつながる

①運動はまた，科学者たちを含む私たちのほとんどが10年前に予想していたよりもはるかに大きく，気分を改善することができるようだ。

②観察研究では，体をよく動かす人々はどのような種類の活動を選択したとしても，座りがちな人々と比べてうつや不安症を患う可能性がはるかに低いことが証明された。

③ウォーキング，ジョギング，ガーデニング，ウェイトトレーニング，水泳，自転車，ハイキング，あるいはオフィスやリビングの椅子からしばしば立ち上がって部屋の中を歩くことでさえ，じっとしているよりも人々を幸せにし，気分の問題を起こしにくくするようであった。

④さらに，マウスでは，運動がニューロンの一部の内部での働きを変化させ，その結果マウスが興奮しにくくなり，不安と関係のある活動パターンを経験しにくくなった。

⑤運動が彼らの細胞や脳を穏やかにしたのである。

4
① recur「再発する，繰り返し起こる」
concern「関心事，懸念」
aging「年をとること，老化」
② muscle「筋肉」
immune system「免疫系，免疫システム」
appear「～のようだ」
biologically「生物学的に」
sedentary「座りがちな，運動不足の」

5
② inspiring「奮起させる，刺激を与える」
reaffirm「～を再確認する」
remake「～を作り直す」
③ benefit「～のためになる，～に利益をもたらす」
middle-aged「中年の，中高年の」
④ lower「～を下げる」
dementia「認知症」
memory loss「記憶喪失，物忘れ，記憶力の低下」
⑤ volume「体積」
neuron「神経細胞，ニューロン」
portion「部分」

6
① mood「気分」
② observational「観察の，観察に基づく」
depression「うつ」
anxiety「不安症，不安」
③ vulnerable to ～「～に対して弱い，～の影響を受けやすい」
④ excitable「興奮しやすい」
inclined to *do*「…する傾向がある」
associate A with B「AをBと結び付ける，関連付ける」

7 ①One of the other big themes of exercise science in recent years is that bodies in motion seem to develop interior ecosystems that differ, in fundamental ways, from those of the sedentary. ②For instance, people who exercise hold different types and amounts of proteins in their bloodstreams, even if they have not been working out recently, and these patterns of proteins may play a role in reducing risks such as diabetes or heart disease.

8 ①But many questions remain unanswered regarding the cellular effects of exercise throughout the body. ②It's also unknown whether changes at the cellular level differ depending on factors like how much and in what fashion we exercise, our age, our health history and whether we happen to be a man, a woman or a mouse. ③I suspect this will be of great interest to scientists in the decade ahead.

9 ①I hope that scientists might eventually help us to better understand why, with everything we know about the benefits of exercise, so few of us manage to get up and work out regularly. ②But there could be hope in redirecting our focus. ③In what may be the most charming fitness study of the 2010s, when sedentary dog owners were told by their veterinarians that their pets were too heavy and in danger of health problems, they increased both their own and their pets' walking times.

10 ①Happy, healthy new year to you, your family and any four-footed workout partners you may have.

7

✓ 読解の重要ポイント

① 近年の運動科学では，運動をしている身体と座りがちな(運動不足の)身体の体内環境の違いが大きなテーマになっていると述べている。

🔖 キーワード

② diabetes「糖尿病」
② heart disease「心臓病，心臓疾患」

8

✓ 読解の重要ポイント

①②③ 運動の細胞レベルでの効果については，その有無から個体が持つ特性によって効果に差異があるのかまで，さまざまな疑問が残されたままであり，これが科学者たちにとっての今後のテーマになるかもしれないと述べている。

9

✓ 読解の重要ポイント

①②③ 運動の利点を理解しているのに定期的に運動をする人が少ない理由についても，筆者は今後，科学者たちが解き明かしてくれることを願っているが，あるフィットネス研究におけるペットの犬の話は，そのヒントとなりうるかもしれないと述べている。

10

✓ 読解の重要ポイント

① 読者の健康を祈るかたちで，筆者は締めの言葉を述べている。

7 ▶▶近年の運動科学では，運動をしている身体と座りがちな身体の体内環境の違いがテーマとなっている

①近年の運動科学における他の大きなテーマの1つは，運動をしている身体は，座りがちな身体とは根本的に異なる体内の環境を築くように見えるということだ。

②例えば，運動をしている人は，たとえ最近運動していなくても，血流中に含まれるたんぱく質の種類と量が異なり，こうしたたんぱく質のパターンが糖尿病や心臓病などのリスクを減らす役割を果たしているのかもしれない。

8 ▶▶運動に関する残された多くの疑問は，科学者たちにとっての今後のテーマとなるかもしれない

①しかし，運動が全身に及ぼす細胞レベルの影響については，依然として多くの疑問が残されたままである。

②また，細胞レベルでの変化が，運動量や運動方法，年齢，既往歴，そして，たまたま男性であるか女性であるかマウスであるかといった要因によって異なるのかどうかについても解明されていない。

③このことは，これから先の10年間，科学者たちにとって大変興味深いものになるのではないかと私は思う。

9 ▶▶運動の利点について，筆者は一般の人々の理解が深まることを願っている

①運動の利点について私たちはあらゆることを知っているのに，立ち上がって定期的に運動できる人がなぜこれほど少ないのかについて，私たちがより良く理解するのを，ゆくゆくは科学者たちが手助けしてくれることを願っている。

②しかし，焦点を向け直すことで希望が見えてくるかもしれない。

③2010年代の最も魅力的なフィットネス研究であると言える研究において，犬を飼っている座りがちな人々が，ペットの体重が重すぎて健康障害の危険にさらされていると獣医から告げられたとき，彼らは自分自身とペット，両者の散歩の回数を増やした。

10 ▶▶締めの言葉として，筆者は読者たちの幸せで健康な生活を祈っている

①幸せで健やかな新年が，あなたとあなたの家族，そして一緒に暮らしているかもしれない4本脚のトレーニングパートナーに訪れますように。

7
① interior「内部の」
ecosystem「生態系，環境」
fundamental「基本的な，根本的な」
② protein「たんぱく質」
bloodstream「血流」
diabetes「糖尿病」

8
① unanswered「未解決の，答えのない」
regarding ～「～に関して」
cellular「細胞の，細胞レベルの」
② depending on ～「～に応じて，～によって」
fashion「やり方，方法」
happen to do「たまたま…する」
③ of great interest「大変興味深い」

9
① eventually「最終的に，ゆくゆくは」
manage to do「何とか…する，何とか…できる」
② redirect「～の方向を変える，～を向け直す」
③ charming「魅力的な」
veterinarian「獣医」

10
① four-footed「4本脚の」

6

問1 下線部 (i) the exercise of choice の内容に最も近いものを，次の **(a)**〜**(d)** から1つ選びなさい。

(a) our most desirable exercise「私たちにとって最も好ましい運動」

(b) our most necessary exercise「私たちにとって最も必要な運動」

(c) the routine that allows many choices「多くの選択を可能にするルーティーン」

(d) the routine to make a decision「決定を下すルーティーン」

解説 語彙力を問う問題。of choice は「えり抜きの，一般に好まれる」という意味である。熟語の意味を知らないときは，**2**②に登場する appeal「魅力」というキーワードを手がかりに，**(a)** の desirable「好ましい」が最も近い意味であると判断しよう。下線部 **(i)** を含む **2**③は「私たちの多くにとって，一般的に好まれる運動は，最も短い時間のものであるのかもしれない」という意味であるため，**(a)** が正解。

問2 下線部 (ii) it does — and widely so の内容に最も近いものを，次の **(a)**〜**(d)** から1つ選びなさい。

(a) a newly invented exercise is effective among various generations
「新たに発明された運動はさまざまな世代で効果的だ」

(b) exercise has a noticeable effect on the way people grow old
「運動は人々の年の取り方に顕著な影響を及ぼす」

(c) exercise science studies the aging process from a broad perspective
「運動科学は幅広い観点から老化のプロセスを研究している」

(d) this decade is seeing a growing concern with exercise science
「ここ10年で，運動科学に対する関心が高まりつつある」

解説 一文一文を正確に読む力が問われている。it が指し示す内容は，exercise であり，does は affects aging を指している。また，and widely so は and it widely does ということである。下線部 **(ii)** を含む **4**①は「実際のところ，ここ10年の間に繰り返し取り上げられてきた運動科学についての関心事は，運動が老化に影響を与えるのかどうか，またどのように影響を与えるのかということであり，その結果は，概してそうであること（運動が老化に影響を与えること），しかも幅広い影響を与えることを示唆している」という意味であるため，これと最も近い内容である **(b)** が正解。

問3 下線部 (iii) with everything we know about the benefits of exercise の内容に最も近いものを，次の **(a)**〜**(d)** から1つ選びなさい。

(a) although we are well aware of the good effects of exercise
「私たちは運動がもたらす良い効果をよくわかっているにもかかわらず」

(b) due to our knowledge related to the benefits of exercise
「運動の利点に関連する私たちの知識のおかげで」

（c）to prove what we know regarding the good effects of exercise
　「運動がもたらす良い効果に関して私たちにわかっていることを証明するために」
（d）because they teach us the benefits of exercise revealed by their studies
　「彼らは研究によって明らかになった運動の利点を私たちに教えてくれるから」

解説　一文一文を正確に読む力が問われている。everything の直後には関係代名詞 that が省略されており，we know about the benefits of exercise は everything を修飾している。したがって，everything we know about the benefits of exercise の部分は，直訳すると「運動の利点について私たちが知っているあらゆること」という意味になる。with を「〜はあるものの」の意味で捉えれば，下線部 (iii) を含む **9**① は「運動の利点について私たちはあらゆることを知っているのに，立ち上がって定期的に運動できる人がなぜこれほど少ないのかについて，私たちがより良く理解するのを，ゆくゆくは科学者たちが手助けしてくれることを願っている」という意味になり，自然に文意が通る。よって，これと最も近い内容である（a）が正解。

問4　次の (1)，(2) の英文について，正しいものを（a）〜（d）からそれぞれ 1 つずつ選びなさい。

(1)

（Ⅰ）Doing hard exercise for a brief time is as effective as doing moderate exercise longer.
　「ハードな運動を短時間行うことは，適度な運動をより長く行うことと同じくらい効果的である」
（Ⅱ）Exercise improves mental health, but it should be more than just walking or moving inside the house.
　「運動は心の健康を改善するが，それは単なるウォーキングや家の中で動く以上のもの（運動）でなければならない」

　（a）（Ⅰ）は本文の内容に合致しているが，（Ⅱ）は合致していない。
　（b）（Ⅰ）は本文の内容に合致していないが，（Ⅱ）は合致している。
　（c）（Ⅰ）も（Ⅱ）も，本文の内容に合致している。
　（d）（Ⅰ）も（Ⅱ）も，本文の内容に合致していない。

解説　（Ⅰ），（Ⅱ）の文について，本文の内容と合致するか否かを判断し，正誤の組み合わせとして正しい選択肢を選ぶ問題。正解は（a）であるが，（Ⅰ），（Ⅱ）それぞれの文について正誤の判断をする流れを丁寧に確認してほしい。
　（Ⅰ）hard exercise「ハードな運動」や moderate exercise「適度な運動」という語句を念頭に置きながら本文を読み進める。すると，**2**①「ハードではあるがごく短時間で行われるトレーニング（HIITs）が，はるかに長い時間行われるより適度な運動と同程度に体調や健康を改善する」より，ハードな運動を短時間行うことは，適度な運動をより長く行うことと同じくらい効果的であることがわかる。よって，（Ⅰ）は本文の内容と合致すると判断できる。

（Ⅱ）mental health「心の健康」や walking「ウォーキング」という語句を念頭に
置きながら本文を読み進める。すると，**6**①，②より，運動は心の健康を改善
することがわかる。また，**6**③より，ウォーキングや家の中で動く程度の運動
であっても気分の問題を起こしにくくする効果があることがわかる。よって，
（Ⅱ）は本文の内容と合致しないと判断できる。

(2)

（Ⅰ）Only by continuing to exercise regularly, can we keep a certain type of
protein that reduces the risk of some diseases.
「定期的に運動を継続することによって初めて，私たちはいくつかの病気のリスクを減ら
す特定の種類のたんぱく質を維持することができる」

（Ⅱ）Veterinarians warn that sedentary people tend to be fat due to the lack
of proper exercise.
「獣医は，座りがちな人々は，適切な運動の不足によって肥満になる傾向があると警鐘を
鳴らしている」

（a）（Ⅰ）は本文の内容に合致しているが，（Ⅱ）は合致していない。
（b）（Ⅰ）は本文の内容に合致していないが，（Ⅱ）は合致している。
（c）（Ⅰ）も（Ⅱ）も，本文の内容に合致している。
（d）（Ⅰ）も（Ⅱ）も，本文の内容に合致していない。

解説 （Ⅰ），（Ⅱ）の文について，本文の内容と合致するか否かを判断し，正誤の組み合
わせとして正しい選択肢を選ぶ問題。正解は**(d)**であるが，（Ⅰ），（Ⅱ）それぞれの文に
ついて正誤の判断をする流れを丁寧に確認してほしい。

（Ⅰ）protein「たんぱく質」や diseases「病気」という語を念頭に置きながら本文
を読み進める。すると，**7**②に「例えば，運動をしている人は，たとえ最近運
動していなくても，血流中に含まれるたんぱく質の種類と量が異なり，こうし
たたんぱく質のパターンが糖尿病や心臓病などのリスクを減らす役割を果たし
ているのかもしれない」という記述を見つけることができる。しかし，本文中
に「定期的に運動を継続することによって初めて，病気のリスクを減らす特定
の種類のたんぱく質を維持することができる」という記述はない。よって，
（Ⅰ）は本文の内容と合致しないと判断できる。

（Ⅱ）Veterinarians「獣医」や fat「肥満の」という語を念頭に置きながら本文を読
み進める。すると，**9**③に「2010 年代の最も魅力的なフィットネス研究である
と言える研究において，犬を飼っている座りがちな人々が，ペットの体重が重
すぎて健康障害の危険にさらされていると獣医から告げられたとき，彼らは自
分自身とペット，両者の散歩の回数を増やした」という記述がある。しかしこ
れは，ペットの体重が重すぎると，ペットの健康に害を及ぼすかもしれないと
いう注意を飼い主に対してしたものであり，獣医が座りがちな人々に対して警
鐘を鳴らしているという内容ではない。よって，（Ⅱ）は本文の内容と合致しな
いと判断できる。

1 ②⟨With the arrival (of the new year)⟩, _SI _Vthought _O[_{形式S'}it _{V'}would be _{C'}worthwhile _{真S'}[to look back ⟨at some of the **❶**persistent themes, **❷**revelations and **❸**surprises (from the past decade)⟩]].

> it は，to look ... past decade という to 不定詞句を真主語とする形式主語。

5 ②⟨In [_{S'}what _{V'}may be, ⟨for me⟩, _{C'}the most inspiring area (of fitness research (from the past decade))]⟩, _Sscientists _Vhave **❶**found and **❷**reaffirmed _Othe extent (to which _{S'}movement, (of almost any kind and amount), _{V'}may remake _{O'}[how _{S"}we _{V"}think and feel]).

> what may ... past decade は，関係代名詞 what「～もの」を用いた表現。直訳すると「ここ 10 年間のフィットネス研究からの，私にとって最も刺激的な分野であるかもしれないもの」となるが，これは「ここ 10 年間のフィットネス研究の中で，私にとって最も刺激的であるかもしれない分野」ということである。

8 ②_{形式S}It'_Vs also _Cunknown _{真S}[whether _{S'}changes (at the cellular level) _{V'}differ ⟨depending on factors (like **❶**[how much and in what fashion _{S"}we _{V"}exercise], **❷**our age, **❸**our health history and **❹**[whether _{S"}we _{V"}happen to be _{C"}a man, a woman or a mouse])⟩].

> It は，whether changes ... a mouse を真主語とする形式主語。how much and in what fashion we exercise の and は，how much「どれほどの量を」と in what fashion「どのようなやり方で」を結んでいる。また，how much ... we exercise と our age と our health history と whether we ... a mouse という 4 つの名詞（節）が，□ で示した and によって結ばれている。

6

「運動不足のリスクと解消法」

基本の知識

現代社会では，多くの人々が運動不足に陥っていると言われています。その要因は，掃除機や洗濯機，自動車など，労働節約型の機器の発達から，デスクワークや在宅型勤務の増加に至るまでさまざまです。運動不足は，糖尿病や心臓疾患，高血圧，腰痛など，身体的な疾患のリスクを高めるとされており，また，うつや不安症などの精神的な疾患も運動不足によってそのリスクが高まるとされています。さらに，運動不足は，認知機能の低下とも関係があるとされています。ある研究によれば，運動によって認知症の発症が予防できることがわかっています。また，運動が糖尿病のリスクを低くするという研究もあります。

運動科学の分野では，どのような運動をどの程度行うのが効果的であるかについて，これまでさまざまな研究がなされてきました。今回の文章でも紹介されていたように，近年では，HIIT（高強度インターバルトレーニング）という，短時間に集中して激しい運動を行うというスタイルのトレーニングが注目を集めました。また，比較的新しい研究においては，室内で行うウォーキング程度の運動でも効果があることが示されています。

科学技術の進歩に伴い，現代人はますます運動不足に陥ってしまうと予想されています。運動不足の解消は，全世界の人々にとって，今後の重要な課題になると言えるでしょう。

入試の出題傾向

運動をテーマにした文章は，大学入試でも多く出題されています。多くは，運動が心身にもたらす効果や，運動不足の原因，リスク，解消法などを紹介する内容です。

類題出題歴 ▶ 宮崎公立大(2017)，関西大(2017)，中央大(2019)，立教大(2020)，北海学園大(2021)，芝浦工業大(2022) など

文章の展開と読み方

運動不足の人々が増加しており，その結果として身体的・精神的にさまざまな悪影響が出ているという内容と，それにかかわる実験および結果について示す内容が多く出題されています。キーワードを頭に入れたうえで，運動不足がもたらす健康への悪影響と運動によるその改善という大まかな流れを念頭に置いて読み進めましょう。

キーワード 運動不足が身体と精神に及ぼす影響

□ **physical inactivity**	名 運動不足 関連表現 **inactive**「活動していない，不活発な」
★ □ **diabetes**	名 糖尿病
★ □ **heart disease**	名 心臓病，心臓疾患
□ **high blood pressure**	名 高血圧
□ **back pain**	名 腰痛
★ □ **depression**	名 うつ
★ □ **anxiety**	名 不安症，不安
□ **cognitive function**	名 認知機能
★ □ **dementia**	名 認知症
□ **Alzheimer's disease**	名 アルツハイマー病
★ □ **develop**	動 ～を患う，～を発症する
★ □ **exercise science**	名 運動科学
★ □ **exercise / workout**	名 運動
★ □ **HIIT (High Intensity Interval Training)**	名 高強度インターバルトレーニング
★ □ **moderate exercise**	名 適度な運動

6

☞ 「運動不足(physical inactivity)」によって，さまざまな身体的疾患のリスクが高まります。「糖尿病(diabetes)」，「心臓疾患(heart disease)」，「高血圧(high blood pressure)」，「腰痛(back pain)」などがその例です。また，精神面でも「うつ(depression)」や「不安症(anxiety)」などにかかりやすくなるとされています。

☞ 運動は「認知機能(cognitive function)」にも大きな影響を与えます。例えば，「認知症(dementia)」を引き起こす「アルツハイマー病(Alzheimer's disease)」では，運動をすることにより，それが「発症する(develop)」のを予防することができるとされています。

☞ 「運動科学(exercise science)」の分野では，どのような「運動(exercise / workout)」をどの程度行うことが，運動不足によるさまざまなリスクを解消するのに役立つのかなどについて研究をしています。「高強度インターバルトレーニング(HIIT)」は，長い時間をかけて行われる「適度な運動(moderate exercise)」と同程度に効果的であるとする研究結果や，穏やかな運動を少しするだけでも効果があるとする研究結果もあります。

NEXT ≫ さらに広げる！「健康・医療」の重要キーワード

● 「健康・医療」に関連するキーワード

睡眠

音声 24

□ sleep	名 睡眠
□ REM (Rapid Eye Movement) sleep	名 レム睡眠
□ sleep deprivation	名 睡眠不足
□ sleep debt	名 睡眠負債
□ nap	名 仮眠 関連表現 power nap「パワー・ナップ」 （午後の活動を活発にするための仮眠）

☞ 「睡眠(sleep)」については多くの研究がなされており，人は「レム睡眠(REM sleep)」と呼ばれる浅い睡眠のときに夢を見ることがわかっています。REM は Rapid Eye Movement（急速眼球運動）の略です。

☞ 慢性的な「睡眠不足(sleep deprivation)」の蓄積である「睡眠負債(sleep debt)」を抱えた状態は，さまざまな病気や事故のリスクを高めるため，睡眠負債解消の手段として「仮眠(nap)」をとることが推奨されています。NASA の研究によると，26 分間の仮眠をとると，仕事の効率が約 34%，注意力が約 54% 増加したそうです。このため，生産性向上を目的として，仮眠室や仮眠ポッドと呼ばれる仮眠のための個別スペースを用意している企業もあります。

遺伝子治療

音声 25

□ genetic engineering	名 遺伝子工学，遺伝子操作
□ genetic expression	名 遺伝的形質の発現
□ genetic screening	名 遺伝子検査，遺伝子スクリーニング

☞ 「遺伝子工学(genetic engineering)」は，遺伝子を人工的に操作する技術です。この技術を用いれば，「遺伝的形質の発現(genetic expression)」とされるさまざまな疾患に対して，「遺伝子検査(genetic screening)」を行うことによってその原因を突き止めることが可能であるとされています。特定の疾患を防ぐことや難病の治療への活用が期待されていますが，クローン人間の開発にもつながりかねないなど，遺伝子操作については生命倫理の観点から慎重論も多いところです。

白昼夢

音声 26

□ **daydreaming**	名 白昼夢
□ **mindfulness**	名 マインドフルネス
□ **meditation**	名 瞑想
□ **stress**	名 ストレス
□ **mind wandering**	名 マインドワンダリング
□ **default mode network (DMN)**	名 デフォルト・モード・ネットワーク
□ **imagination**	名 想像力
□ **creativity**	名 創造性

☞ 「白昼夢（**daydreaming**）」とは，目が覚めている状態のときに起こる，夢に似た非現実的な体験，またはそのような空想にふけっている状態を言います。

☞ 「マインドフルネス（**mindfulness**）」とは，「瞑想（**meditation**）」などにより現在の自分の心身の状態に意識を向けることを言います。これにより，「ストレス（**stress**）」が軽減され，心の健康に良い影響をもたらすとされています。

☞ 「マインドワンダリング（**mind wandering**）」は，心の迷走とも呼ばれ，無意識に考えを巡らせている状態を言います。余計なことをあれこれと考えている状態として，良くない意味で使われることも多い言葉です。しかし，目の前にある集中すべき作業からいったん離れることで，「デフォルト・モード・ネットワーク（**default mode network**）」と呼ばれる複数の領域からなる脳のネットワークの働きが活発になり，「想像力（**imagination**）」や「創造性（**creativity**）」を高めるとされています。

6

脳の働き

音声 27

□ **perception**	名 知覚　関連表現 **perceive**「〜を知覚する」
□ **sense organ**	名 感覚器官
□ **interpret**	動 〜を解釈する

☞ 私たちの「知覚（**perception**）」は，外部からの感覚的な刺激を，目や耳，鼻，舌，皮膚などの「感覚器官（**sense organ**）」を通じて受け取り，それを脳のフィルターを通じて「解釈する（**interpret**）」ことによってなされます。そのため，私たちはありのままの世界を見たり聞いたりしているのではなく，あくまで脳のフィルターを通した世界を見聞きしていることになります。

7

「オーバーツーリズムと持続可能な観光」

| 解答 | 問題 ▶ 別冊 p.32 | 設問解説 ▶ p.108 |

問 1(1)(b)　(2)(c)　(3)(c)　問 2(1)(b)　(2)(c)　(3)(c)　(4)(b)　(5)(a)
問 3(d)

問題英文

　　　　　　 ：読解の重要ポイント　青字：テーマに関連するキーワード

1 ①Friday 15 March, 2019, was a rare day in Venice: On the square in front of the Santa Lucia train station, Venetians outnumbered tourists. ②Young Venetians had skipped school to join the global youth climate protest, holding signs with statements such as "If climate was a bank, you'd save it." ③The movement is especially relevant in Venice, since a 50 cm rise in sea levels could see the city vanish beneath the waves of the lagoon that surrounds the city.

1

✓ 読解の重要ポイント

①② 2019 年 3 月 15 日にベネチアで行われた気候変動についての抗議運動を紹介し，この日サンタルチア駅前の広場でベネチア市民が観光客を数で上回ったことは珍しいことであると述べて，文章全体の導入をしている。

「水の都」や「アドリア海の女王」などの異名を持つベネチアは，世界的にも有名な観光都市であるが，それと同時に，観光公害の一種とされるオーバーツーリズムの問題を抱えている。観光業が栄えると地域に利潤をもたらすが，一方で人が密集することにより，ごみ問題や地価の高騰など，さまざまな問題が発生する。持続可能な観光業という観点から読み進めれば，文章が読みやすくなるはずだ。

全文訳

1 ▶▶ 2019年3月15日，ベネチアでは環境問題に関する抗議運動が行われ，サンタルチア駅前の広場では，珍しくベネチア市民が観光客を数で上回った

①2019年3月15日金曜日はベネチアにとって珍しい一日だった。サンタルチア駅前の広場では，ベネチア市民が観光客を数で上回った。

②ベネチアの若者たちが，学校をさぼって若者による気候変動に関する世界規模の抗議運動に参加し，「もし気候が銀行なら，あなたたちはそれを救うでしょう」といった声明が書かれたプラカードを掲げていた。

③この運動はベネチアにおいて特に重要だ。というのも，海面が50センチメートル上昇すれば，この都市を取り囲む潟湖の波の下におそらくベネチアは消えてしまうからである。

語句

1
① Venice「ベネチア」
　square「広場」
　Venetian「ベネチアの，ベネチア人」
　outnumber「～を数で上回る」
　tourist「観光客」
② skip「～をさぼる」
　protest「抗議行動，反対運動」
　sign「標識，看板」
　statement「声明，主張」
③ relevant「重要な」
　vanish「消える」
　beneath ～「～の下に」
　lagoon「潟湖」
　surround「～を取り囲む」

7

2 ①Important as the climate crisis is, the city faces a more urgent risk: The rising tide of tourists, presently estimated at 25 million a year and expected to reach 38 million by 2025. ②The tourists now seem to far outnumber the local residents. ③Europe, already the world's largest tourism market, received 713 million international visitors in 2018, an 8% increase on the previous year, according to the UN World Tourism Organization. ④While tourism provides significant economic benefit, overtourism is causing issues including high-priced housing, environmental damage, and the destruction of local life. ⑤Issues of overcrowding have brought locals out into the streets to protest. ⑥One of the most dramatic was Venice's 2016 *No Grandi Navi* ('No Big Ships') protest, when locals took to the water in small fishing boats to block the passage of six massive cruise ships.

3 ①The people of Venice have always looked for ways to protect the equilibrium of the lagoon and the complex system of commerce around it. ②In fact, the act of sustaining the lagoon for over a millennium is a singular human achievement because a lagoon by definition is a temporary natural phenomenon. ③Venice's lagoon would have disappeared in 500 years if it hadn't been for careful environmental protection, sensitive technical solutions, and strict commercial regulation — a historic plan that provides useful lessons for tourism.

2

✓ 読解の重要ポイント

① 第1段落の内容に追加する形で，ベネチアが抱える，より差し迫った問題（オーバーツーリズムの問題）について述べている。

キーワード

②④ local「地元の，地域の」
④ overtourism「オーバーツーリズム」
⑤⑥ locals「地元住民，地元の人々」

3

✓ 読解の重要ポイント

① ベネチア住民は，これまでも潟湖とそれを取り巻く商業システムの均衡（環境と観光業の均衡）を守る方法を模索してきたと述べている。

キーワード

② sustain「～を維持する，～を支える」
③ protection「保護」

② ▶▶オーバーツーリズムの問題は，ベネチアにとって環境問題よりもさらに差し迫った危機である

①気候の危機は重要であるが，ベネチアはもっと差し迫った危機に直面している。それは，現在は年間 2,500 万人と推定され，2025 年までに 3,800 万人に到達すると予想される，観光客の増加傾向である。

②今や，観光客の数は地元住民の数をはるかに上回っていると思われる。

③国連世界観光機関によると，すでに世界最大の観光市場であるヨーロッパは，2018 年には前年比 8％増の 7 億 1,300 万人の海外からの観光客を受け入れた。

④観光業はかなりの経済的利益をもたらす一方で，オーバーツーリズムが住宅価格の高騰や環境被害，地域生活の破壊といった問題を引き起こしている。

⑤過密状態の問題が，地元住民を抗議活動のために街頭へと連れ出した。

⑥最も劇的だったものの 1 つが，2016 年にベネチアで行われた「ノー・グランディ・ナーヴィ（「大型船反対」）」の抗議活動であったが，このとき地元住民は小さな漁船で海に繰り出し，6 隻の巨大なクルーズ船の通行を阻止した。

③ ▶▶潟湖を長い期間存続させるためにベネチアの人々が行ってきた取り組みは，観光業にも有益な教訓をもたらす

①ベネチアの住民は，潟湖とそれを取り巻く複雑な商業システムの均衡を守る方法を常に模索してきた。

②実際，1,000 年以上にわたって潟湖を維持する行為は，人間の並外れた業績だ。というのも，潟湖はそもそも一時的な自然現象だからである。

③ベネチアの潟湖は，慎重な環境保護と緻密な技術的解決策，厳格な商業規制がなければ 500 年で消滅していただろう。これは，観光業に有益な教訓をもたらす歴史的に重要な計画である。

②

① crisis「危機」
   urgent「差し迫った，緊急の」
   tide「風潮，急増」
   presently「現在のところは」
   estimate *A* at *B*「A を B と推定する」
② local resident「地元住民」
③ previous「前の，以前の」
④ significant「重要な，意義のある，かなりの」
   overtourism「オーバーツーリズム」
   issue「問題」
   high-priced「高価な，費用のかかる」
⑤ overcrowding「過密状態」
   locals「地元住民，地元の人々」
   protest「抗議する，異議を申し立てる」
⑥ dramatic「劇的な」
   block「～を阻止する」
   passage「通行，航行」
   massive cruise ship「巨大な（大型の）クルーズ船」

7

③

① equilibrium「均衡（の取れた状態）」
   complex「複雑な」
   commerce「商業」
② sustain「～を維持する，～を支える」
   millennium「1,000 年」
   singular「並外れた，驚くべき」
   achievement「達成，業績」
   by definition「定義上は，本質的に」
   temporary「一時的な，仮の」
   phenomenon「現象」
③ if it hadn't been for ～「もし～がなかったら」
   sensitive「敏感な，緻密な」
   solution「解決，解決策」
   regulation「規制」

4 ①A new generation of concerned citizens and businesspeople is taking up that challenge, combining grassroots activism with socially sensitive, sustainable initiatives to save their island home. ②Consider waste. ③What comes into Venice must be removed again via a complex garbage collection system and strict recycling plan. ④Every day an army of workers knocks on the doors of residents in the city, collecting their carefully separated waste to be shipped away. ⑤Unfortunately, the same rules and standards do not apply to tourists — despite the fact that during the peak tourist season the bins around Saint Mark's Square have to be emptied every half an hour.

5 ①Troubled by the plastic waste generated by their two hotels, the Romanelli family have taken action, eliminating plastic bottles from their properties, and encouraging guests to use steel drink containers, for which they supply a map showing Venice's historic water fountains. ②With just 50 rooms and 40 members of staff, they calculate they save 36,000 plastic bottles a year. ③Multiply that by the estimated 40,000 guest beds in Venice — to say nothing of restaurants or the waste unloaded from cruise ships — and you could save hundreds of millions of plastic bottles a year.

4

✓ 読解の重要ポイント

① 新しい世代の人々が，ベネチアの環境問題について引き続き取り組んでいると述べている。

🔑 キーワード

① sustainable「持続可能な」
②④ waste「廃棄物」
③ garbage「ごみ」
③ recycling「リサイクル」

5

✓ 読解の重要ポイント

① ホテルを経営するロマネッリ家のプラスチック廃棄物の削減に向けた取り組みを紹介している。

🔑 キーワード

①②③ plastic bottle「ペットボトル」

4 ▶▶次世代の市民や事業家たちは，草の根運動と持続可能な新構想を組み合わせて，ベネチアの環境と観光業の均衡の問題に引き続き取り組んでいる

①懸念を抱く次世代の市民や事業家たちは，草の根の市民運動と故郷の島を救うための社会的配慮のある持続可能な新構想を組み合わせて，引き続きこの課題に取り組んでいる。

②廃棄物について考えてみよう。

③ベネチアに入ってくる廃棄物は，複雑なごみ収集システムと厳格なリサイクル計画を通じて，改めて取り除かれる必要がある。

④日々，大勢の作業員たちがベネチアの住民の家を訪問し，船での運搬用に丁寧に分別された廃棄物を回収している。

⑤残念ながら，同様のルールや基準は観光客にはあてはまらない。観光シーズンのピーク時には，サンマルコ広場周辺のごみ箱は30分おきに空っぽにされる必要があるのだが。

5 ▶▶ロマネッリ一家は，所有するホテルから出るプラスチック廃棄物の問題に取り組んでいる

①所有する2つのホテルから出るプラスチック廃棄物に悩まされているロマネッリ一家は，行動を起こした。ホテルからペットボトルをなくして，スチール製の飲料容器を使用するよう宿泊客に促し，それに対しベネチアの歴史ある水飲み場を示す地図を提供している。

②わずか50の客室と40名のスタッフで，年間36,000本のペットボトルを節約できると見込んでいる。

③レストランやクルーズ船から出るごみに加えて，ベネチアの推定40,000台の宿泊者用ベッドをそれに掛け合わせると，年間に何億本ものペットボトルを節約できるだろう。

4
① generation「世代」
concerned「心配している」
citizen「市民」
businessperson「事業家，経営者」（複数形は businesspeople）
take up「～を引き受ける」
combine *A* with *B*「AをBと組み合わせる」
initiative「新構想，新計画」
③ remove「～を取り除く」
via ～「～を通じて」
garbage collection「ごみ収集」
④ an army of ～「大勢の～，一団の～」
⑤ despite the fact that S V ...「…という事実があるにもかかわらず」
bin「ごみ箱」

5
① troubled by ～「～によって頭を悩まされる」
generate「～を生み出す」
take action「行動を起こす」
eliminate「～を除去する」
property「財産，所有物，不動産」
encourage ～ to *do*「～が…するよう促す」
water fountain「(水飲み用の)噴水」
② calculate (that) S V ...「…だと算定する，…だと推定する」
③ multiply *A* by *B*「AにBを掛ける」
to say nothing of ～「～は言うまでもなく，～に加えて」
unload「～を降ろす」

6 ①Addressing the issue of waste is just one easily noticeable effort to create a more sustainable tourism in Venice, but there are others. ②This June will see the launch of 'Fairbnb,' a not-for-profit home-sharing website that tightly controls the number of people who can rent their properties to tourists. ③Importantly, it will contribute half of its 15% booking fees to social projects in the area. ④When they book, Fairbnb renters decide which project to support and are invited to visit or participate: In Venice this could mean joining volunteers cleaning graffiti or helping turn a centuries-old *squero* (boat yard) into an educational centre. ⑤Many locals want to bring back the connection between tourists and locals that has been lost. ⑥Programmes such as these allow tourists to join locals in their real pursuits, or even just share a drink with them.

7 ①This loss of connection between locals and tourists is something that Valeria Duflot and Sebastian Fagarazzi are also concerned with. ②Through their website, they direct tourists to Venice businesses that support a sustainable local economy — everything from printmakers to photographers to rowers.

8 ①Across Europe, other grassroots groups are also fighting to preserve local cultures. ②Many are arguing that mass tourism causes high rents, pollution, the loss of local shops and the spread of low-wage jobs.

6

☑ 読解の重要ポイント

①② 廃棄物問題以外でも，ベネチアの観光業を持続可能なものにするためのさまざまな取り組みが行われていると述べ，その例として民泊の取り組みを紹介している。

7

☑ 読解の重要ポイント

①② 地元の人々と観光客のつながりの喪失に懸念を抱く声があると述べ，持続可能な地域経済を支えるベネチアの事業へと観光客を案内する活動を行う人もいると紹介している。

8

☑ 読解の重要ポイント

① ヨーロッパ全体では，さまざまな草の根団体が地域文化の保全に取り組んでいると述べている。

🔖 キーワード

① preserve「～を保全する」
② mass tourism「マスツーリズム，観光の大衆化」
② pollution「汚染」

6 ▶▶持続可能な観光業を生み出すため，廃棄物問題以外に対してもさまざまな取り組みが行われている

①廃棄物問題への取り組みは，より持続可能な観光業を生み出すためのベネチアにおけるわかりやすい試みのほんの一例であるが，この他にもさまざまな取り組みが行われている。

②今年の6月には「Fairbnb」という非営利の民泊サイトが立ち上げられる予定であるが，これは観光客に物件を貸すことのできる人数を厳格に管理するものだ。

③重要な点は，15％の予約手数料のうち半分が，地域の社会プロジェクトに寄付されることである。

④Fairbnb の利用者(借り手)は，予約時にどのプロジェクトを支援するかを決定し，訪問や参加を促される。ベネチアでは，落書きを消すボランティアに参加したり，何世紀も続くスクエーロ(造船所)を教育センターへ変えるのを手伝うことがこれにあたるだろう。

⑤地元の多くの人々が，観光客との間の失われたつながりを取り戻したいと考えている。

⑥こうしたプログラムのおかげで，観光客が本格的な娯楽を地元の人々と共にしたり，彼らと一杯を交わしたりすることさえもできる。

7 ▶▶持続可能な地域経済を支えるベネチアの事業へと，観光客を案内する活動を行う人もいる

①地元の人々と観光客のつながりがこのように失われていることについては，ヴァレリア・デュフロとセバスチャン・ファガラッツィもまた懸念を抱いている。

②ウェブサイトを通じて，彼らは版画家や写真家からボートの漕ぎ手にいたるまで，持続可能な地域経済を支えるありとあらゆるベネチアの事業へと，観光客を案内している。

8 ▶▶ヨーロッパ全体で見ると，他の草の根団体もまた，地域の文化を保全しようと奮闘している

①ヨーロッパ全体では，他の草の根団体もまた，地域の文化を保全しようと奮闘している。

②多くの人々が，マスツーリズムは家賃の高騰，汚染，地元商店の喪失や低賃金労働のまん延をもたらすと主張している。

6
① address「～に取り組む」
② launch「開始，立ち上げ」
③ contribute *A* to *B*「A を B に与える，A を B に寄付する」
④ graffiti「落書き」
　turn *A* into *B*「A を B に変える」
⑥ pursuits「娯楽，活動」
　share *A* with *B*「A を B と共有する，A を B と共にする」

7
① be concerned with ～「～について心配している」
② direct *A* to *B*「A を B に誘導する，A を B に向ける」
　rower「(ボートの)漕ぎ手」

8
② low-wage job「低賃金の仕事」

9 [1]It is this focus on the liveability of a city that Venetian data scientist Fabio Carrera believes is the key to Venice's future. [2]If a city cannot retain its own population, no amount of tourist tax will be able to prevent its inevitable decline and death. [3]No other city faces a bigger tourism challenge, says Carrera — but given Venice's uniquely contained and complex character, no other place is better prepared to meet the challenge of sustainable tourism. [4]"Younger generations have been out in the world," he says. [5]"They see other possibilities and want to bring that vision back to Venice."

9

☑ 読解の重要ポイント

① 都市の住みやすさに着目することがベネチアの未来への鍵だとする意見を紹介している。

キーワード

② tourist tax「観光税」

9 ▶▶都市の住みやすさに着目することが，この問題を解決するために重要であると考える人もいる

①ベネチアのデータサイエンティスト，ファビオ・カレッラは，このように都市の住みやすさに着目することこそが，ベネチアの未来への鍵であると考えている。

②もし都市が人口を維持できなければ，どれほど観光税を課したとしても，その必然的な衰退と消滅を防ぐことはできないだろう。

③これほど大きな観光業の課題に直面している都市は他にはない，とカレッラは言う。しかし，他に類を見ない自制的で複雑なベネチアの特性を考慮すると，持続可能な観光業の課題に対応する用意が整っている地域は他にはない。

④「若い世代は世界に羽ばたいています」と彼は言う。

⑤「彼らはさらなる可能性を見いだし，今度はその展望をベネチアに持ち帰りたいと思っているのです」

9
① liveability「住みやすさ」
② retain「～を保つ，～を維持する」
　 tourist tax「観光税」
　 inevitable「避けられない，防げない」
　 decline「衰退」
③ given ～「～を考慮すると」
　 contained「自制的な」

7

問 1 本文の意味，内容にかかわる問い **(1)**〜**(3)** それぞれの答えとして，本文にしたがって最も適当なものを **(a)**〜**(d)** から 1 つ選びなさい。

(1) Why didn't some Venetian students attend school one Friday in March, 2019?
「2019 年 3 月のある金曜日，一部のベネチアの学生はなぜ学校に行かなかったのか」

   (a) Because some school buildings had been damaged by flood
   「一部の校舎が洪水によって損傷を受けていたから」

   (b) Because they decided to join a demonstration about environmental issues
   「環境問題に関するデモに参加しようと決心したから」

   (c) Because crowds around the main station had made travelling to school impossible
   「主要駅周辺の群衆のせいで通学が不可能になったから」

   (d) Because they wanted to protest the government's plan to raise the amount of fees that non-local students must pay
   「地元以外の学生が支払わなければならない授業料を値上げするという政府の計画に抗議したかったから」

解説 one Friday in March, 2019「2019 年 3 月のある金曜日」という設問文の語句を念頭に置き，本文を読む。すると，**1**①に Friday 15 March, 2019「2019 年 3 月 15 日金曜日」という語句が見つかるため，当該箇所付近を中心に根拠となる箇所を探す。**1**②「ベネチアの若者たちが，学校をさぼって若者による気候変動に関する世界規模の抗議運動に参加し，『もし気候が銀行なら，あなたたちはそれを救うでしょう』といった声明が書かれたプラカードを掲げていた」より，環境問題に関するデモに参加するために学校に行かなかった学生がいたことがわかるため，**(b)** が正解。**(a)**，**(c)**，**(d)** は本文に記述がないため，誤り。

(2) What is one reason NOT mentioned to explain what the people of Venice have done in previous centuries to allow the lagoon to survive so long?
「潟湖をこれほど長い期間存続させるため，ベネチアの人々が過去何世紀にもわたって行ってきたことを説明するうえで言及されていない理由は何か」

   (a) The use of technology to help protect it
   「それを保護するのに役立つ技術の使用」

   (b) The careful preservation of its environment
   「その環境の慎重な保護」

（c） A limit on the number of tourists allowed to visit there
「そこを訪れることが許可される観光客数の制限」

（d） Tight controls over the way people conducted trade there
「そこでの取引方法に対する厳格な管理」

解説 文章全体を各パラグラフのトピック（各パラグラフを一言で言うと何か）を意識しながら読むことで，素早く根拠となる箇所を見つけることができる。本問は「潟湖をこれほど長い期間存続させるため，ベネチアの人々が過去何世紀にもわたって行ってきたことを説明するうえで言及されていない理由」を選ぶ問題であるため，「潟湖を長い期間存続させるためにベネチアの人々が行ってきた取り組み」について書かれている**3**に着目する。**3**③「ベネチアの潟湖は，慎重な環境保護と緻密な技術的解決策，厳格な商業規制がなければ500年で消滅していただろう」より，ここで言及されていない理由である（c）が正解。本文のcareful environmental protection「慎重な環境保護」が選択肢（b）では The careful preservation of its environment「その環境の慎重な保護」に，本文の sensitive technical solutions「緻密な技術的解決策」が選択肢（a）では The use of technology to help protect it「それを保護するのに役立つ技術の使用」に，本文の strict commercial regulation「厳格な商業規制」が選択肢（d）では Tight controls over the way people conducted trade there「そこでの取引方法に対する厳格な管理」にそれぞれ言い換えられている。選択肢を検討する際には，常に本文の「言い換え表現」が含まれている可能性を頭に入れておこう。

7

（3） What benefit does the writer mention as coming from the use of 'Fairbnb'?
「『Fairbnb』を利用することによって生じるメリットとして，筆者はどのような点に言及しているか」

（a） It provides employment to local people.
「地元の人々に雇用を提供する」

（b） It guarantees tourists the cheapest rates.
「観光客に最安値を保証する」

（c） Some of the money tourists spend is donated to the local community.
「観光客が使ったお金の一部が地域社会に寄付される」

（d） The company has a reputation for being environmentally responsible.
「その企業が環境への責任を果たしているという評判を得ている」

解説 Fairbnb という固有名詞に着目して本文中から根拠となる箇所を探す。すると，**6**②，④に Fairbnb という語が見つかるため，当該箇所付近を中心に根拠となる箇所を探す。**6**③ it will contribute half of its 15% booking fees to social projects in the area「15%の予約手数料のうち半分が，地域の社会プロジェクトに寄付される」より，これを Some of the money tourists spend is donated to the local community.「観光客が使ったお金の一部が地域社会に寄付される」と言い換えた（c）が正解。（a），（b），（d）は本文に記述がないため，誤り。

109

問2 次の (1)〜(5) の文の中で，本文の内容と一致するものには(**a**)の記号を，一致しないものには(**b**)の記号を，また本文の内容からだけではどちらとも判断しかねるものには(**c**)の記号を書きなさい。

(1) The author believes that the problem of climate change needs to be dealt with before the problem of overtourism.
「筆者は，オーバーツーリズムの問題以前に，気候変動の問題に対処する必要があると考えている」

(2) Fewer cruise ships visited Venice after the *No Grandi Navi* movement protest.
「ノー・グランディ・ナーヴィ運動の抗議後，ベネチアを訪れたクルーズ船は少なくなった」

(3) The author's opinions about the problems Venice faces are based on her experiences living there.
「ベネチアが直面する問題についての筆者の意見は，そこで暮らした経験に基づくものである」

(4) The map provided by the Romanelli family helps tourists find places to recycle plastic bottles.
「ロマネッリ一家によって提供される地図は，ペットボトルをリサイクルする場所を観光客が見つけるのに役立つ」

(5) Fabio Carrera believes that the youth of Venice are eager to address the problem of overtourism.
「ファビオ・カレッラは，ベネチアの若者が熱心にオーバーツーリズムの問題に取り組んでいると考えている」

解説 (1)〜(5) の文について，本文の内容と一致するか否か，どちらとも判断しかねるかを選ぶ問題。根拠箇所にあたりをつけながら，本文を丁寧に読む力が問われている。

(1) climate「気候」や overtourism「オーバーツーリズム」といった語を念頭に置き，本文を読み進める。climate という語は**1**②，**2**①に，overtourism という語は**2**④に登場するため，当該箇所付近を中心に本文を丁寧に読む。**2**①「気候の危機は重要であるが，ベネチアはもっと差し迫った危機に直面している。それは，現在は年間2,500 万人と推定され，2025 年までに 3,800 万人に到達すると予想される，観光客の増加傾向である」より，筆者は気候変動よりも差し迫った問題としてオーバーツーリズムの問題を意識していることがわかるため，(1) は本文の内容と一致しないと判断できる（解答欄には(**b**)の記号を記載する）。

(2) *No Grandi Navi*「ノー・グランディ・ナーヴィ」という固有名詞を念頭に置き，本文を読み進める。*No Grandi Navi* という語句は**2**⑥に登場するため，当該箇所付近を中心に本文を丁寧に読む。**2**⑥より，「2016 年にベネチアで行われた『ノー・グランディ・ナーヴィ』という大型船反対の抗議活動の際に，地元住民が 6 隻の巨大なクルーズ船の通行を阻止した」という内容を読み取ることができるが，「この運動のあと，ベネチアを訪れたクルーズ船が少なくなった」という内容の記述は見つけることができない。よって，(2) は本文の内容からだけではどちらとも判断しかねると言える（解答欄には(**c**)の記号を記載する）。

(3)　本問では，ベネチアが直面する問題についての筆者の意見が，ベネチアで暮らした経験に基づくものであるのかどうかが問題となっているため，筆者の経験が書かれている箇所を意識しながら，本文を読み進める。しかし，本文中に筆者がベネチアで暮らした経験があるという内容の記述を見つけることはできない。よって，**(3)**は本文の内容からだけではどちらとも判断しかねると言える（解答欄には**(c)**の記号を記載する）。

(4)　the Romanelli family「ロマネッリ一家」という固有名詞を念頭に置き，本文を読み進める。the Romanelli family という語句は**5**①に登場するため，当該箇所付近を中心に本文を丁寧に読む。**5**①「ホテルからペットボトルをなくして，スチール製の飲料容器を使用するよう宿泊客に促し，それに対しベネチアの歴史ある水飲み場を示す地図を提供している」より，この地図はペットボトルをリサイクルする場所ではなく水飲み場を示すものであることがわかるため，**(4)**は本文の内容と一致しないと判断できる（解答欄には**(b)**の記号を記載する）。

(5)　Fabio　Carrera「ファビオ・カレッラ」という固有名詞を念頭に置き，本文を読み進める。Fabio　Carrera という語句は**9**①に登場するため，当該箇所付近を中心に本文を丁寧に読む。**9**④，⑤「『若い世代は世界に羽ばたいています』と彼は言う。『彼らはさらなる可能性を見いだし，今度はその展望をベネチアに持ち帰りたいと思っているのです』」より，カレッラ氏はベネチアの若者が熱心にオーバーツーリズムの問題に取り組んでいると考えていることがわかるため，**(5)**は本文の内容と一致すると判断できる（解答欄には**(a)**の記号を記載する）。

問3　本文の内容を最もよく表しているものを**(a)**～**(e)**から1つ選びなさい。

- **(a)**　The future of eco-tourism「エコツーリズムの未来」
- **(b)**　How climate change is threatening Venice
  「気候変動がどのようにベネチアを脅かしているか」
- **(c)**　The pros and cons of cruise ships to the Venetian economy
  「ベネチア経済にとってのクルーズ船の是非」
- **(d)**　Various strategies to save a city from the effects of excess tourism
  「過剰な観光業の影響から都市を救うさまざまな戦略」
- **(e)**　Why the cost of housing in Venice has been affected by the growth in tourist numbers
  「ベネチアの住宅費が観光客数の増加によって影響を受けているのはなぜか」

解説　本問では，文章全体の要旨を読み取る力が問われている。文章全体を通して，オーバーツーリズムの問題はベネチアにとって差し迫った問題であること，この問題を解決するためにさまざまな取り組みが行われていることについて述べられているため，**(d)**が正解。**(a)**，**(c)**は本文に記述がないため，誤り。**(b)**は**1**，**2**に気候変動の話はあるが，筆者は気候変動よりも差し迫った問題としてオーバーツーリズムの問題を取り上げており，文章の要旨であるとは言えないため，誤り。**(e)**は**2**④，**8**②に住宅価格や家賃の高騰に関する記述はあるが，これは文章全体の中の一部の記述に過ぎず，文章の要旨であるとは言えないため，誤り。

2 ①⟨_{C'}Important as _{S'}the climate crisis _{V'}is⟩, _Sthe city _Vfaces _Oa more urgent risk:

> Important as the climate crisis is は，形容詞＋as＋S＋is「S が…であるが（…であるにもかかわらず）」という譲歩の意味の表現が用いられている。

5 ①⟨Troubled by the plastic waste (generated by their two hotels)⟩, _Sthe Romanelli family _Vhave taken _Oaction, ⟨❶eliminating plastic bottles ⟨from their properties⟩⟩, and ⟨❷encouraging guests to use steel drink containers, (for which _{S'}they _{V'}supply _{O'}a map (showing Venice's historic water fountains))⟩⟩.

> Troubled by ... two hotels は分詞構文。eliminating plastic ... properties と encouraging guests ... water fountains はともに分詞構文で，and によって並列されている。

5 ③❶_VMultiply _Othat ⟨by the estimated 40,000 guest beds (in Venice)⟩ — ⟨to say nothing of restaurants or the waste (unloaded from cruise ships)⟩ — and ❷_Syou _Vcould save _Ohundreds of millions of plastic bottles ⟨a year⟩.

> Multiply that ... cruise ships は命令文。命令文 〜 and ...「〜しなさい。そうすれば…，〜すれば…」という表現が用いられている。

9 ①It is _{S'}this focus (on the liveability (of a city)) that _SVenetian data scientist Fabio Carrera _Vbelieves _O[_{V'}is _{C'}the key (to Venice's future)].

> 強調構文 It is 〜 that S V ...「〜こそが…だ，…なのは〜だ」を用いた表現。this focus on the liveability of a city が，It is と that に挟まれ，強調されている。

「オーバーツーリズム」

基本の知識

　観光業は，地域に利潤をもたらす重要な存在です。特に，地域によってはその税収の大半を観光業に依存しているところもあり，観光客は本来歓迎されるべきものです。しかし一方で，観光地に観光客がたくさん集まることで生じる問題もあります。その一例が，本文にも登場した廃棄物の問題です。回収が追い付かないほどの廃棄物は，しばしば観光地の景観を損ねます。これでは，観光資源そのものの価値を下げてしまうことになりかねません。また，問題は廃棄物だけではありません。観光船による海洋汚染，自動車による騒音や渋滞，大気汚染，家賃の高騰，地元住民のプライバシーの侵害など，環境問題を始めとしたさまざまな問題が生じています。このような問題が多発すれば，地元住民と観光客の衝突のような好ましくない結果も生じやすくなります。

　このように，観光資源を持つ地域にとって，観光業は必ずしも良いことばかりではない点に注意が必要です。過度な観光客の集中によって，観光地の自然環境や地元住民の生活への負荷が懸念される状態は，英語で overtourism「オーバーツーリズム（過度の観光）」と言われ，「観光公害」と表現されることもあります。

　こうしたオーバーツーリズムの問題については，法的規制も含め，各方面から対策が練られています。しかし，何よりも重要だとされているのは，個人の「責任ある観光（responsible　tourism）」です。観光のピーク時期を避けたり，地元文化を学んだりすることで，旅行者自らがオーバーツーリズムの問題に向き合うことが大切だとされています。

入試の出題傾向

　オーバーツーリズムをテーマにした文章は全国の大学入試問題で出題されています。多くの場合，オーバーツーリズムとはどういうものなのかを紹介する内容ですが，その対策やオーバーツーリズムについての意見を述べ合い，議論をする対話文なども出題されることがあります。

　類題出題歴　静岡県立大(2020)，都留文科大(2020)，青山学院大(2020)，奈良教育大(2022)，学習院大(2022)　など

文章の展開と読み方

　オーバーツーリズムについて説明する文章が多いため，「基本の知識」で確認した内容を頭の中に入れておくとスムーズに読み進めることができるはずです。

キーワード オーバーツーリズムに関連する環境問題

★ □ **overtourism**	名 オーバーツーリズム
★ □ **mass tourism**	名 マスツーリズム，観光の大衆化
□ **traffic jam / traffic congestion**	名 交通渋滞
★ □ **pollution**	名 汚染
★ □ **plastic bottle**	名 ペットボトル
★ □ **waste / garbage / litter**	名 廃棄物，ごみ
□ **ecotourism**	名 エコツーリズム
★ □ **sustainable**	形 持続可能な 関連表現 **sustainable tourism**「持続可能な観光」
★ □ **local**	名 (通例複数形)地元住民，地元の人々 形 地元の，地域の 関連表現 **local resident**「地元住民」
★ □ **preserve**	動 ～を保全する　名 保護地域 関連表現 **preservation**「保全，保護」
□ **responsible tourism**	名 責任ある観光
★ □ **tourist tax**	名 観光税

☞ 「オーバーツーリズム(overtourism)」や「マスツーリズム(mass tourism)」によって引き起こされる環境問題は，多岐にわたっています。中でも「交通渋滞(traffic jam)」などによる大気の「汚染(pollution)」や「ペットボトル(plastic bottle)」などの「廃棄物(waste)」は，代表的なものです。

☞ オーバーツーリズムの問題に対処するため，「エコツーリズム(ecotourism)」が提唱されています。エコツーリズムとは，自然環境のほか，その土地の歴史や文化などを観光の対象とし，それらを学び，体験してもらう観光形態です。「持続可能な観光(sustainable tourism)」を目的としているため，「地元住民(locals)」の生活や文化に配慮しながら，場合によっては環境を「保全する(preserve)」活動にも参加します。

☞ オーバーツーリズムの問題に対処するため，観光客にも責任ある行動が求められます。「責任ある観光(responsible tourism)」という言葉はそれを反映したものです。

☞ 「観光税(tourist tax)」もオーバーツーリズムの問題に対処する手段の1つです。観光税とは，宿泊税や出国税など，観光に伴う行為に対して課せられる税金のことです。地域の環境保全などに使われますが，観光客数の減少などデメリットもあります。

NEXT ≫ さらに広げる！「自然・環境」の重要キーワード

● 「自然・環境」に関連するキーワード

気候変動に関する問題

音声 30

□ global warming	图 地球温暖化
□ climate change	图 気候変動
□ carbon dioxide	图 二酸化炭素
	関連表現 carbon footprint「カーボンフットプリント」
	carbon tax「炭素税」
□ greenhouse gas	图 温室効果ガス
□ fossil fuel	图 化石燃料
□ renewable energy	图 再生可能エネルギー

☞ 「地球温暖化(global warming)」による「気候変動(climate change)」が問題とされることがよくあります。地球温暖化は「二酸化炭素(carbon dioxide)」をはじめとする「温室効果ガス(greenhouse gas)」によって生じると考えられています。

☞ 「カーボンフットプリント / 炭素の足跡(carbon footprint)」とは,ある商品やサービスが,そのライフサイクル全体(原材料の調達から製造・販売,使用,リサイクル,廃棄に至るまで)でどの程度の二酸化炭素を排出するかを可視化する仕組みです。また,「化石燃料(fossil fuel)」に対して炭素の含有量に応じた「炭素税(carbon tax)」を課すなど,二酸化炭素の排出量を減らす取り組みもなされています。

☞ 石油・石炭のような化石燃料は多くの二酸化炭素を排出するため,水力,風力,太陽光などの「再生可能エネルギー(renewable energy)」に転換を進めている国もあります。

新しい環境問題

音声 31

□ plastic pollution	图 プラスチック汚染
□ ecosystem	图 生態系
□ microplastic	图 マイクロプラスチック

☞ 「プラスチック汚染(plastic pollution)」が近年問題となっています。プラスチックは基本的に微生物によっては分解されないため,ペットボトルや衣料品などに含まれるプラスチックが自然環境に残留することで,「生態系(ecosystem)」に重大な影響をもたらします。また,「マイクロプラスチック(microplastic)」という微小なプラスチック粒子が海洋生物などを通じて人体に取り込まれ,健康被害が出ることも懸念されています。

解答 ▶ 問題 ▶ 別冊 p.36 ▶ 設問解説 ▶ p.122

問1(1)(c) (2)(b) (3)(d) 問2(c) 問3(a), (c) 問4(c), (e)
問5(d)

問題英文

　　　：読解の重要ポイント　　青字：テーマに関連するキーワード

1 ①Most children are taught the virtue of honesty from fairy tales and other stories. ②The famous story of Pinocchio, who begins life as a puppet, teaches the importance of telling the truth. ③Every time Pinocchio lies, his nose grows longer and longer. ④Another story about the boy who "cried wolf" and then lost all of his sheep illustrates how lying can lead to the loss of trust. ⑤In the United States, young children learn the tale of young George Washington, who finally admits to his father that he cut down a cherry tree. ⑥These types of stories show children that "honesty is the best policy." ⑦Still, if this is the case, then why do so many people lie? ⑧The fact is that human beings lie for many reasons.

2 ①One reason for lying has to do with minimizing a mistake. ②While it is true that everyone makes mistakes from time to time, some people do not have the courage to admit their errors because they fear the blame. ③For example, students might lie to their teachers about unfinished homework. ④They might say that they left their work at home when, in fact, they did not do the work at all. ⑤These students do not want to seem irresponsible, so they make up an excuse — a lie — to save face.

1

☑ 読解の重要ポイント

① ほとんどの子どもたちが，正直であることの美徳を教わると述べている。

⑦⑧ それでも多くの人がうそをつくが，その理由はさまざまであると述べている。

🔖 キーワード

①⑥ honesty「正直であること，うそをつかないこと」
② tell the truth「本当のことを言う」
③⑦⑧ lie「うそ，うそをつく」
④ lying「うそをつくこと」
④ trust「信頼，信用」
⑤ admit「〜を認める」

2

☑ 読解の重要ポイント

① うそをつく1つの理由は，自分の過ちを最小限に抑えることと関係していると述べ，悪いうそについて論じている。

🔖 キーワード

⑤ excuse「言い訳，口実」

私たちは他者とのコミュニケーションにおいて日常的にうそをつく。人がうそをつく理由はさまざまだが，大まかには，良いうそと悪いうそに分けることができる。この文章では，自分の過ちを隠したりするためにつく悪いうその話から始まり，人を傷つけないためや自分の身を守るためにつく良いうその話が続く。良いうそと悪いうそという対比の視点を持つことでスムーズに文章を読み進められるはずだ。

全文訳

1 ▶▶ 多くの人がうそをつくが，その理由はさまざまだ

①ほとんどの子どもたちが，おとぎ話やその他の物語を通じて正直であることの美徳を教わる。

②操り人形として生まれたピノキオの有名な物語は，本当のことを言うことの重要性を教える。

③ピノキオがうそをつくたびに，彼の鼻はどんどん伸びる。

④「オオカミだと叫び」その後すべての羊を失った少年についてのまた別の物語は，うそをつくことが信頼の喪失につながることもあるということを示している。

⑤アメリカでは，桜の木を切り倒したことを父親に対してついに認める，若き日のジョージ・ワシントンの話を幼い子どもたちが学ぶ。

⑥このような種類の物語は，子どもたちに「正直は最良の策」であることを示す。

⑦ただ，もしこれが本当なら，どうしてこれほど多くの人がうそをつくのだろうか。

⑧実のところ，人間はさまざまな理由でうそをつく。

2 ▶▶ うそをつく1つの理由は，自分の過ちを最小限に抑えることと関係している

①うそをつく1つの理由は，過ちを最小限に抑えることと関係している。

②確かに誰もが時に過ちを犯すが，責められることを恐れて自分の間違いを認める勇気が持てない人もいる。

③例えば，学生は宿題が終わっていないことについて教師に対してうそをつくかもしれない。

④彼らは実際には宿題を全くやっていないのに，家に宿題を置いてきたと言うだろう。

⑤こうした学生は無責任だと思われたくないため，言い訳，つまりうそをでっち上げて面目を保つのだ。

語句

1
① virtue「美徳」
  honesty「正直であること，うそをつかないこと」
② puppet「操り人形」
④ illustrate「〜を示す」
  lead to 〜「〜につながる」
  loss「喪失」
  trust「信頼，信用」
⑤ admit to 〜 that S V ...「〜に対して…を認める」
⑦ be the case「正しい，実情である」

2
① have to do with 〜「〜と関係している」
  minimize「〜を最小限に抑える」
② from time to time「ときどき」
  the courage to do「…する勇気」
  error「誤り，間違い」
  blame「責められること」
⑤ irresponsible「無責任な」
  make up「〜をでっち上げる」
  excuse「言い訳，口実」
  save face「面目を保つ」

8

3 ①Another reason people lie is to get out of situations that they do not want to be in or cannot manage. ②For example, if a company decides to have a weekend meeting, one of the managers might not feel like attending. ③She may call her boss and give this excuse: "I've been fighting off a cold all week, and I wouldn't want to risk giving it to anybody else. I'll be sure to get all of the notes on Monday." ④When individuals do not want to tell the truth and face the consequences, they use lies to avoid difficulties.

4 ①In contrast, some people might tell a "white lie" when they do not want to hurt someone's feelings. ②For example, if a good friend shows up with an unattractive new haircut, one could be truthful and say, "That haircut is awful. What were you thinking?!" ③A more likely scenario is to say, "It's very original! It suits you," and spare the friend's feelings. ④These types of lies are generally not considered negative or wrong. ⑤In fact, many people who have told the truth to those they love, only to see the negative reaction, wish they *had* told a white lie. ⑥Therefore, white lies can be useful in maintaining good relationships.

3

✓ 読解の重要ポイント

① うそをつくもう1つの理由は, 置かれたくない状況や手に負えない状況から抜け出すためだと述べ, **2**の内容に追加して, 悪いうそについて論じている。

4

✓ 読解の重要ポイント

① 一方で, 人の気持ちを傷つけたくないときに「ホワイトライ」をつく人もいると述べ, **2**・**3**で述べた悪いうそとは対照的に, 良いうそについて論じている。

キーワード

①⑤⑥ white lie「ホワイトライ(罪のないうそ, 人を傷つけないようつくうそ)」

① hurt *one's* feelings「～の気持ちを傷つける」

⑥ relationship「関係, 人間関係」

3 ▶▶うそをつくもう1つの理由は，自分が置かれ得る厄介な状況から抜け出すためである

① 人がうそをつくもう1つの理由は，置かれたくない状況や手に負えない状況から抜け出すためである。

② 例えば，会社が週末に会議を開くことに決めた場合に，課長の1人が出席したくないと思うこともある。

③ 彼女は上司に電話をかけ，次のような言い訳をするかもしれない。「ここ1週間，風邪をひいておりまして，他の人にうつしたくないのです。月曜日にはすべての(会議)記録を手に入れるようにします」

④ 人は，本当のことを言ってその結果に直面したくないとき，厄介な状況を避けるためにうそをつく。

4 ▶▶人の気持ちを傷つけないためにつくうそもある

① 一方で，人の気持ちを傷つけたくないときに「ホワイトライ」をつく人もいるだろう。

② 例えば，仲の良い友人がぱっとしない新しい髪型で現れたとき，正直に「その髪型はひどいよ。何を考えていたんだい？！」と言うかもしれない。

③ もっと可能性の高いシナリオは，「とても独創的だね！似合っているよ」と言って，友人の気持ちを思いやることである。

④ このような種類のうそは，一般に否定的なものとも間違っているものとも考えられていない。

⑤ 実際，大好きな人に本当のことを言って否定的な反応をされたことのある多くの人が，ホワイトライをついておけばよかったと思う。

⑥ それゆえ，ホワイトライは良好な人間関係を維持するのに役立つことがある。

3
① manage「～をうまく取り扱う」
② feel like *doing*「…したいと思う」
  attend「出席する」
③ risk *doing*「…する危険を冒す」
④ consequence「結果」

4
① in contrast「対照的に，一方で」
  white lie「ホワイトライ(罪のないうそ，人を傷つけないようにつくうそ)」
② unattractive「魅力のない，ぱっとしない」
  truthful「正直な」
  awful「ひどい」
③ original「独創的な」
  suit「～に似合う」
  spare「～に危害を加えない」
④ consider O C「O を C だと考える」
⑤ reaction「反応」
⑥ maintain「～を維持する」

8

5 ①A somewhat different reason for lying has to do with self-protection. ②Parents, particularly those with small children, may teach their children to use this type of "protective" lie in certain circumstances. ③What should children do if a stranger calls while the parents are out? ④Many parents teach their children to explain that mom and dad are too busy to come to the phone at that time. ⑤In this situation, protective lying can prevent harm or disaster.

6 ①People lie for many reasons, both good and bad. ②However, before you resort to lying in order to cover up mistakes or to avoid unpleasant situations, perhaps the motives for your lies should be carefully examined. ③Your lies may one day be exposed and cause severe embarrassment or the loss of people's trust.

5

✓ 読解の重要ポイント

① うそをつくことに関するいくぶん異なる理由は，自己防衛と関係していると述べ，**4**の内容に追加して，良いうそについて論じている。

6

✓ 読解の重要ポイント

①② 文章全体のまとめとして，人はさまざまな理由でうそをつくが，うそをつく前にはその動機について慎重に検討すべきだと述べている。

◆ キーワード

② cover up「〜を隠す」
③ be exposed「(うそが)ばれる」

5 ▶▶自分の身を守るためにつくうそもある

①うそをつくことに関するいくぶん異なる理由は，自己防衛と関係している。

②親，特に幼い子どもを持つ親は，ある状況ではこの種の「身を守るための」うそをつくよう，子どもに教えるだろう。

③親が外出している間に知らない人から電話がかかってきたら，子どもはどうすべきだろうか。

④多くの親が，お母さんとお父さんは忙しくて今は電話に出られないと説明するよう，子どもに教える。

⑤このような状況では，身を守るためのうそをつくことにより危害や惨事を防ぐことができる。

6 ▶▶人はさまざまな理由でうそをつくが，うそをつく前にはその動機について慎重に検討すべきだ

①人は，良いものも悪いものも含め，さまざまな理由でうそをつく。

②しかしながら，過ちを隠すためや不快な状況を避けるためにうそをつくという手段に訴える前に，うそをつく動機について慎重に検討すべきかもしれない。

③うそがいつかばれ，ひどくきまりの悪い思いをしたり，人の信頼を失ったりするかもしれないからだ。

5
① somewhat「いくぶん」
　self-protection「自己防衛」
② protective「身を守るための」
　circumstances「状況」
⑤ prevent「〜を防ぐ」
　harm「危害」

6
② resort to 〜「〜（という手段）に訴える」
　cover up「〜を隠す」
　motive「動機」
③ expose「〜を暴露する，〜をあばく」
　embarrassment「きまりの悪さ」

8

問1 下線部 **(1)**, **(2)**, **(3)** に代わる語句として最も適切なものを選択肢から選びなさい。

(1) virtue「美徳」
(a)cost「費用」 (b)spirit「精神」 (c)value「価値」 (d)vice「悪」
(2) lead to「〜につながる」
(a)result from「〜から生じる」 (b)result in「結果として〜が生じる」
(c)run across「〜に偶然出会う」 (d)run into「〜とばったり出会う」
(3) maintaining「〜を維持すること」
(a)constructing「〜を構築すること」 (b)fixing「〜を修理すること」
(c)improving「〜を改善すること」 (d)preserving「〜を維持すること」

解説

(1) 下線部 **(1)** を含む **1**①は「ほとんどの子どもたちが，おとぎ話やその他の物語を通じて正直であることの美徳を教わる」という意味である。virtue「美徳」の代わりにvalue「価値」という語を入れるとほぼ同じ意味になるため，**(c)**が正解。

(2) 下線部 **(2)** を含む **1**④は「『オオカミだと叫び』その後すべての羊を失った少年についてのまた別の物語は，うそをつくことが信頼の喪失につながることもあるということを示している」という意味である。lead to「〜につながる」の代わりに result in「結果として〜が生じる」という語句を入れるとほぼ同じ意味になるため，**(b)**が正解。**(a)**result from「〜から生じる」のような因果関係を逆にしたひっかけの選択肢に注意しよう。

(3) 下線部 **(3)** を含む **4**⑥は「それゆえ，ホワイトライは良好な人間関係を維持するのに役立つことがある」という意味である。maintaining「〜を維持すること」の代わりに preserving「〜を維持すること」という語を入れるとほぼ同じ意味になるため，**(d)**が正解。**(a)**constructing, **(b)**fixing, **(c)**improving はいずれも文意に合わないため，誤り。

問2 空所 **(4)** に入る最も適切なものを選択肢から選びなさい。

(a)cause「〜を引き起こす」 (b)conceal「〜を隠す」
(c)prevent「〜を防ぐ，〜を妨げる」 (d)promote「〜を促進する」

解説 空所に入れる語句として適切なものを，前後の文脈から考える問題。空所を含む **5**⑤は「このような状況では，身を守るためのうそをつくことにより危害や惨事（ **4** ）ことができる」という意味であり，this situation「このような状況」とは，**5**③で述べられている，親の外出中に子どもが知らない人から電話を受けるという状況である。**5**全体で「自分の身を守るためのうそ」について述べているため，prevent「〜を防ぐ，〜を妨げる」を入れると意味が自然につながる。**(c)**が正解。

問3 第1，2パラグラフの内容と一致するものを選択肢から<u>二つ</u>選びなさい。

(a) The lesson that children take from the stories of Pinocchio and the boy who "cried wolf," as well as the tale of young George Washington, is the importance of being honest.

「若き日のジョージ・ワシントンの話や，ピノキオや『オオカミだと叫んだ』少年の物語から子どもたちが学び取る教訓は，正直であることの重要性だ」

(b) There would be no lying if people knew that "honesty is the best policy."

「もし，『正直は最良の策』であるとわかっていれば，うそをつく人はいないだろう」

(c) One reason for lying is related to trying to make one's mistakes as small or as unimportant as possible.

「うそをつく1つの理由は，自らの過ちをできるだけ小さく，あるいは取るに足らないものにしようとすることと関係している」

(d) Only those who lack courage can admit the mistakes they make occasionally.

「勇気がない者だけが，時折犯す過ちを認めることができる」

(e) Students who have not finished their homework confess to their teachers, in order to avoid punishment.

「宿題を終えていない学生は，罰を免れるため，教師に対して白状する」

8

解説 本文の内容と一致する選択肢を選ぶ問題。設問文の「第1，2パラグラフの内容と一致するもの」や「二つ選びなさい」という条件を見落とさないように注意しながら，根拠となる箇所を探す力が問われている。正解は(a)，(c)であるが，各選択肢について正誤の判断をする流れを丁寧に確認してほしい。

(a) **1**①〜⑥より，「子どもたちは，おとぎ話やその他の物語を通じて正直であることの重要性を教わる」という内容を読み取る。これらの記述より，(a)は本文の内容と一致すると判断できる。

(b) **1**⑥〜⑧より，「『正直は最良の策』であると教わっているにもかかわらず，人間はさまざまな理由でうそをつく」という内容を読み取る。これらの記述より，(b)は誤りであると判断できる。

(c) **2**①「うそをつく1つの理由は，過ちを最小限に抑えることと関係している」より，(c)は本文の内容と一致すると判断できる。

(d) **2**②に「責められることを恐れて自分の間違いを認める勇気が持てない人もいる」という記述はあるが，「勇気がない者だけが，時折犯す過ちを認めることができる」という内容の記述は見つけることができない。よって，(d)は誤りであると判断できる。

(e) **2**③〜⑤より，「宿題が終わっていない学生が，無責任だと思われたくないため，教師に対してうそをつくことがある」ということがわかる。しかし，「宿題を終えていない学生は，罰を免れるため，教師に対して白状する」という内容の記述は見つけることができない。よって，(e)は誤りであると判断できる。

問4 第3，4パラグラフの内容と一致するものを選択肢から<u>二つ</u>選びなさい。

(a) A company manager who does not want to attend a weekend meeting may tell her boss on the phone that she has fully recovered from a cold but needs a few more days of rest.

「週末の会議に出席したくない会社の課長が，風邪はすっかり治ったが，もう数日の休養が必要だと電話で上司に伝えるかもしれない」

(b) If you say, "That haircut is awful," to a good friend of yours who appears with a new haircut that you don't find attractive, it means you are telling a white lie.

「魅力的に感じない新しい髪型で現れた仲の良い友人に，あなたが『その髪型はひどいよ』と言う場合，あなたはホワイトライをついていることになる」

(c) By telling your friend that their awful haircut suits them, you are telling a white lie to avoid hurting their feelings.

「友人に対してそのひどい髪型が似合っていると伝えることで，あなたは友人の気持ちを傷つけるのを避けるためにホワイトライをついていることになる」

(d) White lies are disapproved of by most people.

「ホワイトライはほとんどの人に非難される」

(e) Many people regret having told the truth, rather than a white lie, to those they love.

「多くの人は，大好きな人にホワイトライをついたことよりもむしろ，本当のことを言ったことを後悔する」

解説 本文の内容と一致する選択肢を選ぶ問題。正解は(c)，(e)であるが，問3と同様に，各選択肢について正誤の判断をする流れを丁寧に確認してほしい。

(a) **3**②，③より，週末の会議に出席したくない会社の課長が，「風邪をひいているため，他の人にうつしたくないので欠席したい」と電話で上司に伝えるかもしれないということがわかる。しかし，「風邪はすっかり治ったが，もう数日の休養が必要だ」と伝えるかもしれないという内容の記述は見つけることができない。よって，(a)は誤りであると判断できる。

(b) **4**①より，「人の気持ちを傷つけたくないときに『ホワイトライ』をつく人がいる」ことがわかる。もっとも，友人の新しい髪型が似合っていないと思ったときに「その髪型はひどいよ」と伝えることは，うそではなく，正直に思ったことを言っているだけであるため，(b)は誤りであると判断できる。

(c) (b)の解説でも述べたように，「ホワイトライ」は人の気持ちを傷つけたくないときにつくうそのことである。友人の新しい髪型が似合っていないと思ったときに「似合っているよ」と伝えることは，相手の気持ちを傷つけないようにホワイトライをついていることになる。よって，(c)は本文の内容と一致すると判断できる。

(d) **4**④「このような種類のうそ(ホワイトライ)は，一般に否定的なものとも間違っているものとも考えられていない」より，ホワイトライがほとんどの人に非難されていると言うことはできない。よって，(d)は誤りであると判断できる。

（e）**4**⑤「実際，大好きな人に本当のことを言って否定的な反応をされたことのある多くの人が，ホワイトライをついておけばよかったと思う」より，（e）は本文の内容と一致すると判断できる。

問5 第5，6パラグラフの内容と一致するものを選択肢から一つ選びなさい。

（a）People often lie about how to protect themselves.
「人はよく，自分の身の守り方についてうそをつく」

（b）Children may be taught to lie in order to protect their parents.
「子どもたちは，親を守るためにうそをつくよう教えられることがある」

（c）If a person children don't know appears when the parents are not at home, the children should immediately let them know by phone.
「親の留守中に知らない人が現れたら，子どももすぐに電話で親に知らせるべきだ」

（d）When you think you have to lie, it might be better to carefully consider the reasons for doing so.
「うそをつかざるを得ないと思うときは，そうする理由について慎重に考えたほうがよいかもしれない」

解説 本文の内容と一致する選択肢を選ぶ問題。正解は（d）であるが，問3，問4と同様に，各選択肢について正誤の判断をする流れを丁寧に確認してほしい。

（a）**5**①，②，⑤より，人は「身を守るための」うそをつくことがあるとわかる。しかし，「自分の身の守り方」についてうそをつくという内容の記述は見つけることができない。よって，（a）は誤りであると判断できる。

（b）**5**①，②より，子どもたちは「（自分の）身を守るための」うそをつくように教えられることがあるとわかる。しかし，「親を守るために」うそをつくように教えられるという内容の記述は見つけることができない。よって，（b）は誤りであると判断できる。

（c）**5**③，④に「親が外出している間に知らない人から電話がかかってきた」場合についての記述はあるが，「親の留守中に知らない人が現れた」場合についての記述はない。よって，（c）は誤りであると判断できる。

（d）**6**②，③より，「あとで信頼を失うかもしれないため，うそをつく前に動機について慎重に検討すべきである」という内容を読み取る。これらの記述より，（d）は本文の内容と一致すると判断できる。

8

重要構文解説

1 ③〈Every time _{S'}Pinocchio _{V'}lies〉, _Shis nose _Vgrows _Clonger and longer.

every time S V ...「S が V するたびに」が使われている。longer and longer は〈比較級 and 比較級〉「ますます～」を使った表現。

2 ②〈While 形式S'it _{V'}is _{C'}true 真S'[that _{S''}everyone _{V''}makes _{O''}mistakes〈from time to time〉]〉, _Ssome people _Vdo not have _Othe courage (to admit their errors)〈because _{S'}they _{V'}fear _{O'}the blame〉.

it は that 節を真主語とする形式主語。to admit their errors は the courage を修飾する形容詞用法の to 不定詞句。

3 ①_SAnother reason (_{S'}people _{V'}lie) _Vis _C[to get out of situations (that _{S'}they ❶_{V'}do not want to be in or ❷_{V'}cannot manage)].

people lie は直前に関係副詞 why [that] が省略されており, Another reason を修飾している。that 以下は situations を先行詞とする関係代名詞節で, 節内では or によって, do not want to be in と cannot manage が並列されている。

4 ⑤〈In fact〉, _Smany people (_{S'}who _{V'}have told _{O'}the truth to those (_{S''}they _{V''}love), 〈only to see the negative reaction〉), _Vwish _O[_{S'}they _{V'}*had told* _{O'}a white lie].

they love は直前に関係代名詞 that が省略されていると考えることができ, those を修飾している。only to see the negative reaction は, only to *do*「結局…した」「残念ながら…した」という結果用法の to 不定詞句を使った表現。

5 ④_SMany parents _Vteach _Otheir children _{toV}to explain [that _{S'}mom and dad _{V'}are too _{C'}busy to come to the phone 〈at that time〉].

teach ～ to *do*「～に…するよう教える」が使われている。また, that 節内は too ～ to *do*「～すぎて…できない」「…するには～すぎる」が使われている。

126

「うその功罪」

基本の知識

　私たちは，人間関係の中で日常的にうそと接しています。人がうそをつく理由はさまざまですが，よく見られるのは，自分の過ちや失敗を隠したり，責任を逃れようとするためのうそです。また，積極的に相手をだます意思でつくうそもあります。甘い誘い文句などによる詐欺が代表例ですが，さらにひどい場合には，虚偽の告訴をして他者を陥れるといったこともあります。このように，相手に損害を与えたり，傷つけたりする意図を持ってつかれるうそは，明らかに悪質なうそと言えます。Honesty is the best policy.「正直は最良の策」ということわざがありますが，ばれたときに信頼を失ってしまうようなうそはつかないほうがよいでしょう。

　一方で，良いうそとされるものもあります。white lie や social lie と呼ばれる，罪のないうそや，たわいのないうそはその一例です。white lie は，相手の気持ちを傷つけないようにつくうそですが，良好な人間関係を保つため，積極的に推奨されていると言っても過言ではありません。Honesty doesn't always pay.「正直は必ずしも割に合わない」というわけです。自分や他人の身を守るためにつくうそも，良いうそと言っていいでしょう。うそはほかにもたくさんあります。政治家の苦し紛れの答弁や一部の過激な広告など，誰もが半分うそだとわかっているものもあれば，真実を伝えることに耐えられないがゆえにつくうそもあるでしょう。

　最後に，うそは子どもの知能の発達の指標となるという考え方があることを押さえておきましょう。これは，うそをつくという行為には，高い知能，特に他人の立場に立って物事を考える力が必要とされるためです。

入試の出題傾向

　うそをテーマにした文章は全国の大学入試問題で出題されています。多くの場合，良いうそについての説明ですが，さまざまなうそについての考察や，うその発見方法についての文章も見られます。

類題出題歴 関西学院大(2017)，東京理科大(2019)，法政大(2019)，岩手大(2020)，水産大学校(2022)　など

文章の展開と読み方

　うその悪い側面について述べたあとで，良いうそについて述べるという展開がよくあります。うそは悪いものだと決めつけるのではなく，プラスの側面もあることを念頭に置いて読みましょう。

8

★ □ lie	名 うそ
	動 うそをつく
	関連表現 **tell a lie**「うそをつく」
	lie to ～「～にうそをつく」
	lying「うそをつくこと」
	liar「うそつき」
★ □ truth	名 真実
	関連表現 **tell the truth**「本当のことを言う」
★ □ honesty	名 正直であること，うそをつかないこと
	関連表現 **honest**「正直な」
	dishonest「不正直な，不誠実な」
★ □ white lie	名 ホワイトライ(罪のないうそ，人を傷つけないようにつくうそ)
	関連表現 **social lie**「罪のないうそ」
★ □ **hurt** *one's* **feelings**	動 ～の気持ちを傷つける
★ □ relationship	名 関係，人間関係
	関連表現 **maintain good relationships**「良好な人間関係を維持する」
□ lie detector	名 うそ発見器

☞「うそをつく(lie / tell a lie)」という表現と「本当のことを言う(tell the truth)」「正直であること(honesty)」という表現は反対の意味を表し，セットで出てくることがよくあります。

☞「罪のないうそ(white lie / social lie)」は推奨されるうその代表例です。これは，「人の気持ちを傷つける(hurt *one's* feelings)」のを避け，「良好な人間関係を維持する(maintain good relationships)」ためにつくうそです。

☞ うそを発見するために使われる機械が「うそ発見器(lie detector)」です。歴史上，うそ発見に向けたさまざまな手法が考案されてきました。

NEXT ≫ さらに広げる！「婚姻・交友・人間関係」の重要キーワード

●「婚姻・交友・人間関係」に関連するキーワード

現代の婚姻・家族にまつわる状況

音声 34

□ international marriage	名 国際結婚
□ interracial couple	名 人種の異なるカップル
□ same-sex marriage	名 同性婚
□ spouse	名 配偶者
□ foster parent	名 養親
□ adopted child	名 養子
□ adoption	名 養子縁組
□ foster care	名 養親による世話
□ institutional care	名 施設による世話

☞ グローバル化の進展とともに「国際結婚(international marriage)」の数が増加しています。「人種の異なるカップル(interracial couple)」の間に生まれた子どもの国籍や言語,教育,アイデンティティなど,国際結婚に関連するさまざまなテーマについて,法律学,教育学,社会学など各方面から議論がなされています。

☞「同性婚(same-sex marriage)」に対して「配偶者(spouse)」が異性である場合と同様の法的保護を与える動きが世界中で広まっており,活発な議論がなされています。

☞「養親(foster parent)」が「養子(adopted child)」を育てる「養子縁組(adoption)」の割合は国によって異なります。例えば,スウェーデンは「養親による世話(foster care)」が盛んな国の1つです。こうした国ほど未成年者の養子縁組が盛んではない日本では,「施設による世話(institutional care)」が一般的です。

進化する人間関係

音声 35

□ social media	名 SNS,ソーシャルメディア
□ social	形 社会的な　関連表現 society「社会」

☞ 現代社会においては,インターネット上の「SNS(social media)」による人と人との交流が活発です。代表的なSNSにはFacebookやInstagram,Twitter,YouTubeなどがあり,多くの人が集まっています。

☞ 人が交流する様子を形容する言葉がsocialです。「社会的な(social)」という訳語は抽象的で意味がつかみにくいですが,「社会(society)」という語を「人々が交流する場」として押さえておくことで,英文がぐんと読みやすくなるはずです。

8

9 「宗教的信念は先天か後天か」

36~39

解答　問題 ▶ 別冊 p.40　設問解説 ▶ p.136

問1(1)(h)　(2)(c)　(3)(e)　(4)(a)　(5)(g)　問2(b)　問3(d)　問4(d)
問5(b)

問題英文
　　　　：読解の重要ポイント　　青字：テーマに関連するキーワード

1 ①A new study of US twins suggests that genes may help determine how religious a person is, as well as that the effects of a religious upbringing may fade with time.

2 ①Until about 25 years ago, scientists assumed that religious behavior was simply the product of a person's socialization — or nurturing. ②But more recent studies, including those on adult twins who were raised apart, suggest genes contribute about 40% of the variability in people's belief in religion.

3 ①However, it is not clear how that contribution changes with age. ②A few studies on children and teenagers — with biological or adoptive parents — show that children tend to mirror the religious beliefs and behaviors of the parents with whom they live. ③This suggests genes play a small role in religiousness at that age.

1

✓ **読解の重要ポイント**

① 宗教的な教育の影響は時間の経過とともに薄れる可能性があるのみならず，人の信心深さを決定するのに遺伝子が寄与している可能性があると述べている。

キーワード

① gene「遺伝子」
① upbringing「教育，養育」

2

✓ **読解の重要ポイント**

①② 宗教的信念のばらつきは，これまでは後天的に決定されると考えられていたが，最近の研究では，先天的な要因が寄与していると示唆されている。

キーワード

① nurturing「養育，育ち」

3

✓ **読解の重要ポイント**

① However「しかしながら〜」という逆接の表現を用いて，先天的な要因の寄与が年齢とともにどのように変化するのかはわかっていないと述べている。

人間の行動，知能，性格などがどのように決定されるのかについては，これまで2つの立場から説明がなされてきた。1つは遺伝等によって決まるとする（先天的な要因を重視する）立場で，もう1つは環境や学習によって習得するとする（後天的な要因を重視する）立場である。この文章は，宗教的信念について論じたものであるが，二項対立を念頭に置いて読み進めることで，格段に読みやすくなるはずだ。

全文訳	語句

1 ▶▶ある研究において，宗教的な教育の影響は時間とともに薄れる可能性があるのみならず，信心深さの決定に遺伝子が寄与している可能性があることが示唆された

①アメリカの双子を対象とした新たな研究において，（幼少期の）宗教的な教育の影響は時間の経過とともに薄れる可能性があることのみならず，人がどの程度信心深いかを決定するのに遺伝子が寄与している可能性があることが示唆された。

1
① twin「双子」
gene「遺伝子」
determine「〜を決定する」
religious「宗教的な，信心深い」
A as well as B「Bだけでなく Aも」
upbringing「教育，養育」
fade「消える，薄れる」

2 ▶▶最近の研究では，宗教的信念のばらつきに遺伝子が寄与していることが示唆されている

①25年ほど前まで，科学者たちは，宗教的な行動は単に人の社会化，すなわち養育の産物にすぎないと考えていた。

②しかし，別々に育てられた成人の双子を対象とした研究を含む，比較的最近の研究によると，人の宗教的信念のばらつきの約40％に遺伝子が寄与していることが示唆されている。

2
① assume that S V ...「…と考える」
behavior「行動，振る舞い」
product「産物」
socialization「社会化（子どもが社会の一員として適合するようになること）」
nurturing「養育，育ち」
② raise「〜を育てる」
apart「別々に」
contribute「寄与する」
variability「ばらつき，変動性」

3 ▶▶しかしながら，先天的な要因の寄与が年齢とともにどのように変化するのかはわかっていない

①しかしながら，そのような寄与が年齢とともにどのように変化するのかについては，はっきりとはわかっていない。

②実の親や養父母を持つ子どもやティーンエイジャーに関する数少ない研究によると，子どもは一緒に暮らす親の宗教的信念や行動を反映する傾向にあることがわかっている。

③これは，その年齢では信心深さにおいて遺伝子が果たす役割が小さいことを示唆している。

3
② biological「生物学的な，実の」
adoptive「養子縁組の」
mirror「〜を反映する」
③ play a 〜 role in ...「…において〜な役割を果たす」
religiousness「信心深さ」

9

4 [1]Now researchers led by Laura Koenig, a graduate student of psychology at the University of Minnesota, have tried to tease apart how the effects of nature and nurture vary with time. [2]Their study suggests that as adolescents grow into adults, genetic factors become more important in determining how religious a person is, while environmental factors wane.

5 [1]The team gave questionnaires to 169 pairs of identical twins (100% genetically identical) and 104 pairs of fraternal twins (50% genetically identical) born in Minnesota.

6 [1]The twins — all males, living independently, and in their early 30s — were asked how often they currently went to religious services, prayed, and discussed religious teachings. [2]This was compared with when they were growing up and living with their families. [3]Then each participant answered the same questions regarding their mother, father, and their twin.

7 [1]The twins believed that when they were younger, all of their family members — including themselves — shared similar religious behavior. [2]But in adulthood only the identical twins reported maintaining that similarity, while in contrast, fraternal twins were about a third less similar than they were as children.

8 [1]"That would suggest genetic factors are becoming more important and growing up together less important," says team member Matt McGue, a psychologist at the University of Minnesota.

4

☑ 読解の重要ポイント

① ある研究者たちが，先天的な要因と後天的な要因の影響が時間の経過とともにどのように変化するのかを解明しようと試みたと述べている。

🔑 キーワード

① nature「生まれ，（生まれながらに持つ）性質」
① nurture「育ち，養育」
② genetic「遺伝的な」
② environmental「環境的な」

5

☑ 読解の重要ポイント

① 研究チームは，一卵性双生児と二卵性双生児にアンケートを実施したと述べている。

🔑 キーワード

① genetically「遺伝的に」

6

☑ 読解の重要ポイント

①② 双子たちは，自立の前後で宗教的行動がどのように変化したかを質問されたと述べている。

7

☑ 読解の重要ポイント

② アンケートの結果，一卵性双生児のほうが二卵性双生児よりも成人後も幼少期からの宗教的行動の類似性を維持していることがわかったと述べている。

8

☑ 読解の重要ポイント

① 「時間の経過とともに育ちよりも遺伝的な要因が重要になることを示している」という研究結果についての評価を示している。

4 ▶▶ある研究者たちは，先天的な要因と後天的な要因の影響が時間の経過とともにどのように変化するのかを解明しようと試みた

①そのような中，ミネソタ大学で心理学を研究する大学院生ローラ・ケーニッヒをはじめとする研究者たちは，生まれと育ちの影響が時間の経過とともにどのように変化するのかを解明しようと試みてきた。

②彼らの研究は，思春期の若者が成人になるにつれて，人がどの程度信心深いかを決定するうえで遺伝的な要因がより重要になること，一方で環境的な要因は徐々に弱まることを示唆している。

5 ▶▶一卵性双生児と二卵性双生児にアンケートをとった

①研究チームは，ミネソタ州で生まれた169組の一卵性双生児（100％遺伝的に同一）と104組の二卵性双生児（50％遺伝的に同一）にアンケートを実施した。

6 ▶▶自立の前後で宗教的行動がどう変化したかを尋ねた

①双子たち——全員男性，一人暮らし，30代前半——は，彼らが現在どのくらいの頻度で礼拝に行き，祈り，宗教的な教えについて意見を交わすかを尋ねられた。

②これが，彼らが成長期に家族と一緒に暮らしていた頃と比較された。

③そして，母親，父親，双子の兄弟に関して，各参加者は同じ質問に回答した。

7 ▶▶一卵性双生児は二卵性双生児より，成人後も幼少期からの宗教的行動の類似性を維持していた

①双子たちは，幼い頃は自分を含む家族全員が同じような宗教的行動をともにしていたと考えていた。

②しかし，一卵性双生児だけが成人になってもそのような類似性を維持していたと報告し，対照的に，二卵性双生児は子どもの頃に比べて3分の1ほど類似性が低くなっていた。

8 ▶▶時間の経過とともに育ちよりも遺伝的な要因が重要になることを研究結果は示している

①「このことは，遺伝的な要因がより重要になり，一緒に育つことがさほど重要でなくなっていくことを示唆しているのでしょう」と研究チームのメンバーであるミネソタ大学の心理学者マット・マギューは言う。

4
① graduate student「大学院生」
 psychology「心理学」
 tease apart「～を解明する」
 nature「生まれ，（生まれながらに持つ）性質」
 nurture「育ち，養育」
 vary「変化する」
② adolescent「思春期の若者」
 genetic「遺伝的な」
 environmental「環境的な」
 wane「弱まる」

5
① questionnaire「アンケート」
 pair「一組」
 identical「一卵性の，同一の」
 fraternal「二卵性の，兄弟の」

6
① independently「独立して，自立して」
 currently「現在」
 religious service「礼拝」
② compare *A* with *B*「AをBと比較する」
③ regarding「～に関する」

7
① share「～を共有する」
② similarity「類似性，類似点」
 in contrast「対照的に」

8
① psychologist「心理学者」

9

9 ①Michael McCullough, a psychologist at the University of Miami, agrees. ②"To a great extent, you can't be who you are when you're living under your parents' roof. ③But once you leave the nest, you can begin to let your own preferences and dispositions shape your behavior," he told *New Scientist*. ④"Maybe, ultimately, we all decide what we're most comfortable with, and it may have more to do with our own make-up than how we were treated when we were adolescents," says McGue.

10 ①About a dozen studies have shown that religious people tend to share other personality traits, although it is not clear whether they arise from genetic or environmental factors. ②These include the ability to get along well with others and being conscientious, working hard, being punctual, and controlling one's own impulses.

11 ①McGue says the new work suggests that being raised in a religious household may affect a person's long-term psychological state less than previously thought. ②But he says the influence from this early socialization may re-emerge later on, when the twins have families of their own. ③He also points out that the findings may not be universal because the research focused on a single population of US men.

9

☑ 読解の重要ポイント

① 他の心理学者も研究結果に同意していると述べている。

🗝 キーワード

③ disposition「気質，(生まれながらに持つ)性質」
④ make-up「(生まれながらに持つ)性質」

10

☑ 読解の重要ポイント

① 信心深い人々は，他のさまざまな性格特性も共通して持っている傾向にあるが，それらが遺伝的な要因と環境的な要因のいずれから生じるのかは明らかでないと述べている。

11

☑ 読解の重要ポイント

①②③ 信心深い家庭で育てられたこと(後天的な要因)が人の長期的な心理状態に与える影響は，これまで考えられていたほどではないかもしれず，また，研究結果は普遍的なものではない可能性もあると述べている。

9 ▶▶他の心理学者もこれに同意している

①マイアミ大学の心理学者マイケル・マカローは同意する。

②「大方の場合，親と同居しているときは本来の自分ではいられません。

③しかし，いったん巣立つと，自分の好みや気質によって行動を形成することができるようになります」と彼はニュー・サイエンティスト誌に語っている。

④「もしかしたら，究極的には，私たちはみな最も心地よく感じることを自ら判断しているのかもしれません。そしてそれは，思春期にどのような扱いを受けたかよりも，自らの元々の性質と関係があるのかもしれません」とマギューは言う。

10 ▶▶信心深い人々は，さまざまな性格特性を共通して持っている傾向にあるが，それらが遺伝的な要因と環境的な要因のいずれから生じるのかは明らかでない

①多くの研究が示してきたところによれば，信心深い人々は他の性格特性も共通して持っている傾向にあるが，それらが遺伝的な要因と環境的な要因のいずれから生じるのかは明らかでない。

②これらには他者とうまくやっていく能力や誠実であること，勤勉に働くこと，時間を守ること，自らの衝動を抑えることが含まれる。

11 ▶▶後天的な要因が人の長期的な心理状態に与える影響は，これまで考えられていたほどではないかもしれず，また，研究結果は普遍的なものではない可能性もある

①この新たな研究は，信心深い家庭で育てられたことは，これまでに考えられていたよりも人の長期的な心理状態に影響を与えないかもしれないことを示唆しているとマギューは言う。

②しかし，この初期の社会化の影響はのちに，双子たちが自らの家族を持つようになったときに再び現れるかもしれないと彼は言う。

③彼はまた，この研究はアメリカの男性という単一の集団に焦点を当てたものであるため，研究結果は普遍的なものではないかもしれないと指摘する。

9

② to a ～ extent「～な程度において」

③ nest「巣，家庭」
let ～ do「～に…させる」
preference「好み」
disposition「気質，（生まれながらに持つ）性質」
shape「～を形成する」

④ ultimately「究極的には」
comfortable with ～「～で心地よく感じる」
have more to do with ～「～とより関係がある」
make-up「（生まれながらに持つ）性質」

10

① dozen「十数（の），多く（の）」
personality「性格」
trait「特性，特質，特徴」
arise from ～「～から生じる」

② include「～を含む」
get along (well) with ～「～とうまくやっていく」
conscientious「誠実な，良心的な」
punctual「時間を守る，時間厳守の」
impulse「衝動」

11

① long-term「長期的な」

② re-emerge「再び現れる」

③ findings「研究結果」
universal「普遍的な」
focus on ～「～に焦点を当てる」

9

問1 Fill in each of the blanks (1) through (5) with the most suitable item from (a) to (h).

「(1)〜(5) それぞれの空所に, (a)〜(h)のうち最も適切なものを入れなさい」

(a)own impulses 「自らの衝動」　　　(b)genetic make-up 「遺伝的性質」
(c)mirror 「反映する」　　　　　　　(d)on their own 「ひとりで, 独力で」
(e)living with their families 「家族と一緒に暮らす」　(f)late-stage parenting 「後期の養育」
(g)early socialization 「初期の社会化」　　(h)nurturing 「養育」

解説

(1)　空所に入れる語句として適切なものを, 前後の文脈から考える問題。この問題は, 空所の直後にある逆接の接続詞 But に着目する。すると, 空所を含む**2**①は 「25 年ほど前まで, 科学者たちは, 宗教的な行動は単に人の社会化, すなわち (1) の産物にすぎないと考えていた」 という意味であること, But を挟んで 「比較的最近の研究によると, 人の宗教的信念のばらつきの約 40％に遺伝子が寄与していることが示唆されている」 という内容が述べられていることが見えてくる。空所を含む文は But 以降とは逆の内容になることがわかるため, 「養育」 という語句を入れると意味が自然につながる。(h)nurturing が正解。

(2)　パラグラフ内の話の流れを把握する力が問われている。空所を含む**3**②は 「実の親や養父母を持つ子どもやティーンエイジャーに関する数少ない研究によると, 子どもは一緒に暮らす親の宗教的信念や行動を (2) 傾向にあることがわかっている」 という意味である。そこで, どのような傾向にあるのかを説明している箇所を求めて読み進める。続く**3**③ This suggests genes play a small role in religiousness at that age. 「これは, その年齢では信心深さにおいて遺伝子が果たす役割が小さいことを示唆している」 より, 「遺伝子(先天的影響)」 は 「一緒に暮らす親(後天的影響)」 よりも子どもの頃の宗教的信念や行動に与える役割が小さいという話の流れを読み取ろう。「反映する」 という語を入れると意味が自然につながるため, (c)mirror が正解。

(3)　パラグラフ内の話の流れを把握する力が問われている。空所を含む**6**②は 「これが, 彼らが成長期に (3) 頃と比較された」 という意味である。This 「これ」 が指し示す内容は, This よりも前に書かれているのが一般的であるため, 空所を含む文よりも前に目を向ける。すると, 直前の文**6**①は, 一人暮らしで 30 代前半の双子の男性が 「現在」 どのくらいの頻度で宗教的行動をとるかを尋ねられたという内容であることがわかる。ここから, 「独立して暮らす現在」 と 「家族と一緒に暮らしていた過去」 が比較されていることが読み取れる。(e)living with their families が正解。

(4)　パラグラフ内の話の流れを把握する力が問われている。空所を含む**10**②は 「これらには他者とうまくやっていく能力や誠実であること, 勤勉に働くこと, 時間を守ること, (4) を抑えることが含まれる」 という意味である。These 「これら」 が指し示

す内容は，These よりも前に書かれているのが一般的であるため，空所を含む文よりも前に目を向ける。すると，直前の文**10**①は，信心深い人々に共通する性格特性の話であり，「他者とうまくやっていく能力」「誠実であること」「勤勉に働くこと」「時間を守ること」はすべて性格特性の例であることがわかる。「自らの衝動（を抑えること）」という語句を入れると意味が自然につながるため，**(a)**own impulses が正解。

(5) パラグラフ内の話の流れを把握する力が問われている。空所を含む**11**②は「しかし，この（ **5** ）の影響はのちに，双子たちが自らの家族を持つようになったときに再び現れるかもしれないと彼は言う」という意味である。this「この」が指し示す内容は，this よりも前に書かれているのが一般的であるため，空所を含む文よりも前に目を向ける。すると，直前の文**11**①は，信心深い家庭で育てられたことは，人の長期的な心理状態にこれまで考えられていたほど影響を与えないかもしれないという内容であることがわかる。ここから，この影響は，双子たちが自らの家族を持つようになったときに再び現れるかもしれないという話の流れを読み取ろう。being raised in a religious household「信心深い家庭で育てられたこと」を「初期の社会化」と言い換えた，**(g)**early socialization が正解。なお，**(f)**late-stage parenting「後期の養育」は誤りである。この文章では，「遺伝子による影響（先天的影響）」と「養育による影響（後天的影響）」が比較されているが，養育期間を「前期」と「後期」のように分けた比較はなされていないことに注意しよう。

9

問2 (i) tease apart here means how scientists _____.
「ここで言う (i) tease apart とは，科学者たちが_____ことだ」

- **(a)** unleash new theories to explain complex phenomena
「複雑な現象を説明するために新しい理論を発表する」
- **(b)** disentangle complex phenomena in order to build plausible explanations
「説得力のある説明をするために複雑な現象を解きほぐす」
- **(c)** criticize past theoretical explanations and disregard conventional wisdom
「過去の理論的な説明を批判し，社会通念を無視する」
- **(d)** create new theories from old ones in order to expand human knowledge
「人間の知見を広げるために古い理論から新しい理論を生み出す」

解説 下線部 **(i)** を含む**4**①は「そのような中，ミネソタ大学で心理学を研究する大学院生ローラ・ケーニッヒをはじめとする研究者たちは，生まれと育ちの影響が時間の経過とともにどのように変化するのかを_____と試みてきた」という意味である。「解明する」のような意味の語句が入ると考えるのが自然であるため，**(b)**が正解。tease apart は「～を解き明かす，～をひも解く」という意味である。知っていれば容易に正解を判断できる問題であるが，知らなかった場合は前後の文脈から判断して答えを導こう。

問3 (ii) fraternal twins were about a third less similar than they were as children means that _____.

「(ii) <u>fraternal twins were about a third less similar than they were as children</u> とは，_____ことを意味している」

(a) fraternal twins will more likely behave in similar ways when they live independently
「独立して暮らすようになると，二卵性双生児のほうが同じような振る舞いをする可能性が高い」

(b) identical twins will more likely behave in different ways when they live independently
「独立して暮らすようになると，一卵性双生児のほうが異なった振る舞いをする可能性が高い」

(c) because both identical and fraternal twins share at least 50% of their genetic make-up, they are likely to hold similar beliefs in adulthood
「一卵性双生児も二卵性双生児も少なくとも50％の遺伝的性質を共通して持っているため，成人しても同じような信念を抱く可能性が高い」

(d) identical twins will more likely behave in similar ways when they live independently because there is less genetic variability
「遺伝子のばらつきが少ないため，独立して暮らすようになると，一卵性双生児のほうが同じような振る舞いをする可能性が高い」

解説 下線部 (ii) は，「二卵性双生児は子どもの頃に比べて3分の1ほど類似性が低くなっていた」という意味である。しかし，「類似性が低い」というのは抽象的な表現であり，内容が明確ではない。そこで，類似性について具体的に述べられている箇所を探す。すると，下線部の直前である**7**①，②に「双子たちは…家族全員が同じような宗教的行動をともにしていたと考えていた。しかし，一卵性双生児だけが成人になってもそのような類似性を維持していたと報告し…」という記述を見つけることができる。ここから，「類似性が低い」とは「同じような行動（振る舞い）をする可能性が低い」ことを意味しているとわかるため，**(d)**が正解。

問4 According to Koenig's study, what is the role of genetics in determining a person's religiousness?
「ケーニッヒの研究によると，人の信心深さを決定するうえで遺伝的性質の役割はどのようなものか」

(a) The early effects of a person's genetic make-up slowly fade as they grow into adulthood.
「人の遺伝的性質の初期の影響は成人するにつれて徐々に薄れてゆく」

(b) Among those surveyed, the findings indicate that genes caused about 40% of the difference in the degree of religious belief.
「調査対象となった人の中で，宗教的信念の程度の違いの約40％が遺伝子によるということを研究結果は示している」

（c）We can now predict that 40% of any given population will be religious.

「今や私たちはいかなる集団もその 40％が信心深いと予測できる」

（d）A person's genetic make-up is the key determinant of their religious beliefs.

「人の遺伝的性質は宗教的信念の重要な決定要因である」

解説 Koenig「ケーニッヒ」という設問文の語を念頭に置き，本文を読み進める。Koenig という語が初めて登場するのは**4**①であるため，当該箇所付近を中心に根拠となる箇所を探す。**4**② Their study suggests that as adolescents grow into adults, genetic factors become more important in determining how religious a person is, while environmental factors wane.「彼らの研究は，思春期の若者が成人になるにつれて，人がどの程度信心深いかを決定するうえで遺伝的な要因がより重要になること，一方で環境的な要因は徐々に弱まることを示唆している」より，これと同じ内容を述べた（d）が正解。（a）は**4**②に反し，誤り。（b）は**2**②に「比較的最近の研究によると，人の宗教的信念のばらつきの約 40％に遺伝子が寄与していることが示唆されている」という記述はあるものの，これはケーニッヒの研究であるとは述べられていないため，誤り。（c）は本文に記述がないため，誤り。

問5 Which of the following statements would best summarize the passage?

「この文章を最もよく要約しているものは，次のうちどれか」

9

（a）Early socialization is more important than one's environment in determining religious behavior.

「宗教的行動を決定するうえで，初期の社会化は環境よりも重要だ」

（b）Genetics matters more than parenting in determining religious behavior.

「宗教的行動を決定するうえで，遺伝的性質は養育よりも重要だ」

（c）Genetics as well as early socialization is a significant determinant of religiousness.

「初期の社会化のみならず，遺伝的性質も信心深さの重要な決定要因だ」

（d）Nature, rather than nurturing, is now understood to be a far more robust determinant of religious belief.

「現在では，養育よりも生まれのほうが，はるかに強固な宗教的信念の決定要因であると理解されている」

解説 本問では，文章全体の大まかな流れを読み取る力が問われている。**1**では，ある新たな研究（宗教的な教育の影響は時間の経過とともに薄れる可能性があることや，人がどの程度信心深いかを決定するのに遺伝子が寄与している可能性があることを示唆した研究）を紹介している。**4**～**8**では，ケーニッヒたちによる研究（思春期の若者が成人になるにつれて，人がどの程度信心深いかを決定するうえで遺伝的な要因がより重要になることや，一方で環境的な要因は徐々に弱まることを示唆した研究）を紹介している。最終パラグラフである**11**③には「この研究はアメリカの男性という単一の集団に焦点を

当てたものであるため，研究結果は普遍的なものではないかもしれない」という，同研究チームのメンバーであるマギューの指摘が付け加えられているものの，文章全体を通して，「宗教的信念や行動を決定するうえでは，環境的な要因よりも遺伝的な要因が重要である」ことが述べられているとわかる。よって，**(b)** が正解。**(a)**，**(c)** はいずれも該当する内容の記述が本文にないため，誤り。**(d)** は「養育よりも生まれのほうが」という部分は正しいが，「はるかに強固な(宗教的信念の決定要因である)」とまでは述べられていないため，誤り。

重要構文解説

1 ①_SA new study (of US twins) _Vsuggests _O**❶**[that _{S'}genes _{V'}may help determine _{O'}[how _{C''}religious _{S''}a person _{V''}is]], as well as _O**❷**[that _{S'}the effects (of a religious upbringing) _{V'}may fade ⟨with time⟩].

> *A* as well as *B*「B だけでなく A も」の表現を用いて 2 つの that 節が並列されている。

4 ②_STheir study _Vsuggests _O[that ⟨as _{S''}adolescents _{V''}grow into adults⟩, _{S'}genetic factors _{V'}become _{C'}more important ⟨in determining [how _{C''}religious _{S''}a person _{V''}is]⟩, ⟨while _{S''}environmental factors _{V''}wane⟩].

> that 節内の while は対比・対照の意味で用いられており，～ while ... で「～だが一方で，…」という意味。

7 ②But ⟨in adulthood⟩ _Sonly the identical twins _Vreported _O[maintaining that similarity], ⟨while ⟨in contrast⟩, _{S'}fraternal twins _{V'}were _{C'}about a third less similar ⟨than _{S''}they _{V''}were ⟨as children⟩⟩⟩.

> while は対比・対照の意味で用いられており，～ while ... で「～だが一方で，…」という意味。they は fraternal twins を指している。

「先天と後天」

基本の知識

あるものが遺伝によって生まれつき受け継がれることを「先天的である」と言います。一方で，あるものが生まれた後に教育や学習によって環境から獲得されることを「後天的である」と言います。能力（言語能力や音楽の才能など）や行動，性格が「先天的」なものなのか，「後天的」なものなのかを論じる文章は大学入試でも頻出であり，英文中ではよく，nature「生まれ（先天的）」と nurture「育ち（後天的）」というキーワードを用いて対比的に表されます。

今回の文章では，宗教的信念には「先天的な要因」が大きく寄与しているのか，それとも「後天的な要因」が大きく寄与しているのか，また，その寄与度は時間の経過とともにどのように変化するのかといったことがテーマになっていました。このような「先天と後天」の対比については，nature と nurture 以外にもさまざまなキーワードが用いられます。例えば，environment「環境」という単語は，ただ単に「周りを取り囲んでいるもの」という意味で用いられることもありますが，「後天的な要因」のキーワードとして用いられることもあります。これは，能力が「環境」によって決まるというときの「環境」が，後天的な要因としての「環境」のことを指しているからです。

このように，普段から何気なく使っている単語が，実は「先天と後天」のことを指していることがあります。このことを頭の片隅に置いておいてください。文章全体を「先天と後天」の二項対立で捉えられるようになり，速く正確な読解につながります。

入試の出題傾向

「先天と後天」をテーマにした文章は全国の大学入試問題で出題されています。多くの場合，能力や行動，性格などが先天的な要因と後天的な要因のいずれによって決まるかを論じる文章です。このとき，設問の選択肢も「先天と後天」の対比を念頭に置いて作られていることがよくあります。

類題出題歴 青山学院大(2019)，中央大(2019)，法政大(2019)，奈良女子大(2020)，滋賀大(2021) など

文章の展開と読み方

先天的な要因と後天的な要因を示すキーワードを確認しながら，文章がいずれの方向に進んでいくのか，流れを読み取るようにすることで，格段に読みやすくなります。

★ □ **gene**	名 遺伝子
	関連表現 **genetic**「遺伝的な」
	genetically「遺伝的に」
□ **DNA** (**deoxyribonucleic acid**)	名 DNA，デオキシリボ核酸
□ **womb**	名 子宮
□ **hereditary / inborn /** **inherent / innate / natural**	形 生まれつきの
	関連表現 **inborn instinct**「生まれつきの本能」
□ **education**	名 教育
□ **culture**	名 文化
□ **environment**	名 環境
	関連表現 **environmental**「環境的な」
□ **experience**	名 経験
□ **learn**	動 ～を学習する
□ **be taught**	動 教わる
□ **acquire / gain**	動 ～を獲得する

☞「遺伝子（gene）」や「DNA（DNA）」は「生まれる前」に遺伝によって性質などを受け継がせるものであり，「先天」の意味を表します。genetic factor「遺伝的な要因」やgenetically inherited「遺伝的に受け継がれる」などの表現もあります。

☞ **hereditary / inborn / inherent / innate / natural** など，「生まれつきの」という意味の表現にはさまざまなものがあります。文章中ではそれらが互いに言い換えられていることもよくあります。

☞「子宮（womb）」は「生まれる前」に影響を与えるものであり，「先天」の文脈で使われます。例えば，脳の発達は生まれる前，つまり子宮の中にいるときから生じると考えられているため，そのような文脈で用いられることがあります。

☞「教育（education）」，「文化（culture）」，「環境（environment）」，「経験（experience）」は「生まれた後」に能力や行動，性格などに影響を与えるものであるため，「後天」の意味を表します。

☞ **learn / be taught / acquire / gain** は「生まれた後」に習得するという意味で，「後天」の意味を表します。acquired character「後天的な性質」やlearned skill「後天的な技術」のように，acquiredやlearnedといった形容詞が用いられることもあります。

NEXT » さらに広げる！「動物・植物」の重要キーワード

● 「動物・植物」に関連するキーワード

動物・植物の分類

音声 38

☐ **carnivore**	名 肉食動物
☐ **herbivore**	名 草食動物
☐ **omnivore**	名 雑食動物
☐ **wild animal**	名 野生動物
☐ **domesticated animal**	名 家畜
☐ **captive animal**	名 飼育されている動物
☐ **indigenous species**	名 在来種
☐ **exotic species**	名 外来種

☞ 動物は食性(動物がとる食物に関する性質)によって分類されることがあります。「**肉食動物(carnivore)**」,「**草食動物(herbivore)**」,「**雑食動物(omnivore)**」は代表的な食性です。

☞ 動物は生息する領域や環境によって分類されることもあります。このとき,動物は「**野生動物(wild animal)**」と「**家畜(domesticated animal)**」,「**飼育されている動物(captive animal)**」などに分けられ,その行動や性質の比較を行うことがよくあります。

☞ 動物・植物については,「**在来種 (indigenous species)** 」と「**外来種(exotic species)**」といった対比がなされることもあります。

動物・植物の進化

音声 39

☐ **the theory of evolution**	名 進化論
☐ **selection pressure**	名 選択圧,淘汰圧
☐ **natural selection**	名 自然選択,自然淘汰
☐ **survival of the fittest**	名 適者生存

☞ 有名なダーウィンの「**進化論(the theory of evolution)**」によれば,温度や降水量,食物や捕食者の存在など,さまざまな環境的要因の「**選択圧(selection pressure)**」が働くことによって「**自然選択(natural selection)**」がなされます。その結果として,環境に適応するものだけが生き残る,「**適者生存(survival of the fittest)**」が実現されることになります。

解答

問題 ▶ 別冊 p.44　設問解説 ▶ p.152

問 1 (1)(g) (2)(d) (3)(c) (4)(h) (5)(b) 問 2 (1)(c) (2)(a) (3)(c) (4)(d)

問題英文

　：読解の重要ポイント　青字：テーマに関連するキーワード

1 ①The ways in which people communicate during conflicts vary widely from one culture to another. ②The kind of rational, straight-talking, calm yet assertive approach that characterizes Euro-American disagreements is not the norm in other cultures. ③For example, in traditional African-American culture, conflict is characterized by a greater tolerance for expressions of intense emotions than is the rational, calm model taught in mainstream U.S. culture. ④Ethnicity isn't the only factor that shapes a communicator's preferred conflict style. ⑤The degree of assimilation also plays an important role. ⑥For example, Latino Americans with strong cultural identities tend to seek compromise more than those with weaker cultural ties.

2 ①Not surprisingly, people from different regions manage conflict quite differently. ②In individualistic cultures like that of the United States, the goals, rights, and needs of each person are considered important, and most people would agree that it is an individual's right to stand up for himself or herself. ③By contrast, collectivist cultures (more common in Latin America and Asia) consider the concerns of the group to be more important than those of any individual. ④In these cultures, the kind of assertive behavior that might seem perfectly appropriate to a North American would seem rude and insensitive.

1

✓ 読解の重要ポイント

①④⑤ 対立時に人々が意思を伝える方法は文化によって大きく異なることを述べ、その要因について民族性と同化の程度を挙げている。

キーワード

①②③ culture「文化」
② straight-talking「率直な」
② assertive「主張の強い」
⑥ cultural「文化的な, 文化の」

2

✓ 読解の重要ポイント

②③ By contrast「これとは対照的に」をはさむ形で、「主張の強い行動」に対する捉え方について、個人主義的な文化と集団主義的な文化の違いを対比的に述べている。

キーワード

② individualistic「個人主義的な」
②③ individual「個人」
③ collectivist「集団主義的な」

対立が起こったときの対処の仕方は，文化によって異なる。この文章では，個人主義的な文化と集団主義的な文化，ハイコンテクストの文化様式とローコンテクストの文化様式といった対比を用いて，対立への対処の仕方について文化ごとに考察を加えている。対比構造をチェックしつつ，大まかな議論の方向性を段落ごとにつかむつもりで読み進めると，文章が読みやすくなるはずだ。

全文訳

語句

1 ▶▶意見の対立時に自らの意思を相手に伝達する方法は，文化によって大きく異なる

①対立時に人々が意思を伝える方法は，文化によって大きく異なる。

②ヨーロッパ系アメリカ人の意見の不一致を特徴づける，理性的で率直で冷静，それでいて，主張の強い態度は，他の文化では標準的ではない。

③例えば，アフリカ系アメリカ人の伝統的な文化では，対立は，主流のアメリカ文化で教えられる理性的で冷静なモデルよりも，激しい感情表現に対して寛容であるという特徴がある。

④民族性は，意思の伝達者が好む対立スタイルを形成する唯一の要因ではない。

⑤同化の程度もまた，重要な役割を果たす。

⑥例えば，強い文化的アイデンティティを持つラテンアメリカ人は，文化的結びつきの比較的弱いラテンアメリカ人よりも妥協点を探る傾向にある。

2 ▶▶個人主義的な文化と集団主義的な文化では「主張の強い行動」に対する捉え方が異なる

①当然のことながら，人々の対立への対処の仕方は地域によって全く異なる。

②アメリカのような個人主義的な文化においては，一人ひとりの目標，権利，ニーズが重要であると考えられ，自分を自分で守ることが個人の権利であることに，ほとんどの人が同意するだろう。

③これとは対照的に，集団主義的な文化(ラテンアメリカやアジアに比較的多く見られる)は，集団の関心事が個人の関心事よりも重要であると考えている。

④これらの文化では，北米の人々にとっては完全に適切に思えるかもしれないような主張の強い行動が，失礼で思いやりのないものに思えるだろう。

1
① conflict「対立」
② rational「理性的な」
  straight-talking「率直な」
  assertive「主張の強い」
  characterize「〜を特徴づける」
  disagreement「意見の不一致，不同意」
  norm「標準，規範」
③ traditional「伝統的な」
  tolerance「寛容」
  intense「激しい，強い」
  mainstream「主流の」
④ ethnicity「民族性」
  shape「〜を形成する」
⑤ degree「程度」
  assimilation「同化」
⑥ identity「アイデンティティ，自己同一性」
  seek「〜を探し求める」
  compromise「妥協」

2
① not surprisingly「当然のことながら」
  region「地域」
  manage「〜を扱う，〜を管理する」
② individualistic「個人主義的な」
  consider O C「O を C と考える」
  agree that S V ...「…に同意する」
  stand up for 〜「〜のために立ち上がる」
③ by contrast「対照的に」
  collectivist「集団主義的な」
  concern「関心事，懸念」
④ appropriate「適切な」
  rude「失礼な，無礼な」
  insensitive「思いやりのない，無神経な」

3 ①Another factor that distinguishes the assertiveness that is so valued by North Americans and northern Europeans from other cultures is the difference between high- and low-context cultural styles. ②Low context cultures like that of the United States place a premium on being direct and literal. ③By contrast, high-context cultures like that of Japan value self-restraint and avoid confrontation. ④Communicators in these cultures derive meaning from a variety of unspoken rules, such as the context, social conventions, and hints. ⑤Preserving and honoring the face of the other person are prime goals, and communicators go to great lengths to avoid any communication that might risk embarrassing a conversational partner. ⑥For this reason, what seems like "beating around the bush" to an American would be polite to a Japanese. ⑦In Japan, for example, even a simple request like "close the window" would be too straightforward. ⑧A more indirect statement like "it is somewhat cold today" would be more appropriate. ⑨Another example is the Japanese reluctance to simply say "no" to a request. ⑩A more likely answer would be "Let me think about it for a while," which anyone familiar with Japanese culture would recognize as a refusal. ⑪When indirect communication is a cultural norm, it is unreasonable to expect more straightforward approaches to succeed.

3

☑ 読解の重要ポイント

① Another「もう1つの」という追加の表現を用いて，「主張の強い行動」に対する捉え方を異なるものにするもう1つの要因は，ハイコンテクストの文化様式とローコンテクストの文化様式の違いであると述べている。

🔑 キーワード

① assertiveness「自己主張」
① high- and low-context cultural styles「ハイコンテクストの文化様式とローコンテクストの文化様式」
② low-context「ローコンテクストの」
② direct「直接的な」
③ high-context「ハイコンテクストの」
④ unspoken rule「不文律，暗黙のルール」
④ context「文脈，状況」
④ social convention「社会的慣習」
④ hint「暗示，ほのめかし」
⑦⑪ straightforward「直接的な」
⑧⑪ indirect「間接的な」

3 ▶▶ 「主張の強い行動」に対する捉え方を異なるものにするもう１つの要因は，ハイコンテクストの文化様式とローコンテクストの文化様式の違いである

①北米人と北欧人によって非常に高く評価される自己主張を，他の文化とは大きく異なるものにしているもう１つの要因は，ハイコンテクストの文化様式とローコンテクストの文化様式の違いである。

②アメリカのようなローコンテクストの文化は，直接的で文字どおりのものであることを重視する。

③これとは対照的に，日本のようなハイコンテクストの文化は，自制を重んじ，対立を避ける。

④これらの文化において意思を伝達する者は，文脈や社会的慣習，暗に示された内容など，さまざまな不文律から意味を導き出す。

⑤相手の体面を守り，尊重することが主な目標であり，意思を伝達する者は，会話の相手を困惑させるおそれのあるコミュニケーションを避けるためにどんな苦労も惜しまない。

⑥そのため，アメリカ人にとっては「回りくどい」ように思えるものも，日本人にとっては丁寧なものなのだろう。

⑦例えば日本では，「窓を閉めてください」のような簡単な要求でさえも，あまりに直接的過ぎるかもしれない。

⑧「今日は少し寒いですね」のような，より間接的な言い方のほうが適切だろう。

⑨もう１つの例は，日本人が要求に対して「ノー」とはっきり言いたがらないことである。

⑩もっとよくある返答は，「それについてはしばらく考えさせてください」というものだが，日本文化をよく知る人なら誰でも，それを拒否だとみなすだろう。

⑪間接的なコミュニケーションがその文化において標準的である場合，より直接的なアプローチがうまくいくと考えるのは不合理である。

3

① distinguish *A* from *B*「A を B と区別する」
assertiveness「自己主張」
context「文脈，状況」
cultural style「文化様式」

② place a premium on ～「～を重視する」
literal「文字どおりの」

③ self-restraint「自制」
confrontation「対立」

④ derive *A* from *B*「A を B から導き出す」
unspoken rule「不文律，暗黙のルール」
social convention「社会的慣習」
hint「暗示，ほのめかし」

⑤ preserve「～を守る」
honor「～を尊重する，～を称賛する」
face「体面，メンツ」
prime「主要な，主な」
go to (great) lengths to *do*「…するのに苦労を惜しまない」
risk *doing*「…する危険を冒す」
embarrass「～を困惑させる」
conversational「会話の」

⑥ beat around the bush「遠回しに言う」

⑦ straightforward「直接的な」

⑧ indirect「間接的な」

⑨ reluctance to *do*「…したがらないこと」

⑩ be familiar with ～「～に詳しい」
recognize *A* as *B*「A を B だと認識する」
refusal「拒否」

⑪ unreasonable「不合理な」

10

4 ①It isn't necessary to look at Eastern cultures to encounter cultural differences in conflict. ②The style of some other familiar cultures differs in important ways from the northern European and North American norm. ③These cultures see verbal disputes as a form of intimacy and even a game. ④Americans visiting Greece, for example, often think they are witnessing an argument when they are overhearing a friendly conversation. ⑤A comparative study of American and Italian nursery school children showed that one of the Italian children's favorite pastimes was a kind of heated debating that Italians called *discussione*, which Americans would regard as arguing. ⑥Likewise, research has shown that working-class Jewish speakers of eastern European origin used arguments as a means of being sociable.

①② 対立における文化の違いについて，**3**では東洋の文化に目を向けて話をしてきたが，なじみのある他の文化様式の中にも，北欧や北米の標準とは異なるものがあると述べている。

4 ▶▶対立における文化の違いは，なじみのある文化様式においてもみられる

①対立における文化の違いに直面するために，東洋の文化に目を向ける必要はない。

②なじみのある他の文化様式の中にも，北欧や北米の標準とは重要な点において異なるものがある。

③これらの文化では，言葉による論争を親密さの一形態やある種のゲームとさえみなしている。

④例えば，ギリシャを訪れたアメリカ人は，友好的な会話を耳にしているのに，口論を目の当たりにしていると思うことが多い。

⑤アメリカとイタリアの保育園児を対象とする比較研究において示されたのは，イタリアの子どもが大好きな遊びの1つにイタリア人が「ディスクッシオーネ」と呼ぶある種の白熱した議論があるが，アメリカ人はこれを口論とみなすだろうということだ。

⑥同様に，東欧を起源とする労働者階級のユダヤ人話者は，議論を社交的であるための手段として用いていたことが，研究により明らかになっている。

4
① encounter「〜に直面する」
② differ in 〜「〜において異なる」
③ see A as B「A を B とみなす」
　 verbal「言葉の」
　 dispute「論争」
　 intimacy「親密さ」
④ witness「〜を目撃する」
　 argument「口論」
　 overhear「〜を耳にする」
⑤ comparative「比較の」
　 nursery school「保育園」
　 regard A as B「A を B とみなす」
⑥ likewise「同様に」
　 working-class「労働者階級の」
　 Jewish「ユダヤ人の」
　 origin「起源」
　 means「手段，方法」
　 sociable「社交的な」

5 ①Within the United States, the ethnic background of communicators also plays a role in their ideas about conflict. ②When African-American, Mexican-American, and white American college students were asked about their views regarding conflict, some important differences emerged. ③For example, white Americans seem more willing to accept conflict as a natural part of relationships, whereas Mexican Americans describe the short- and long-term dangers of disagreeing. ④Whites' willingness to experience conflicts may be part of their individualistic, low-context communication style of speaking directly and avoiding uncertainty. ⑤It's not surprising that people from more collective, high-context cultures that emphasize harmony among people with close relationships tend to handle conflicts in less direct ways. ⑥With differences like these, it's easy to imagine how two friends, lovers, or fellow workers from different cultural backgrounds might have trouble finding a conflict style that is comfortable for both of them.

5

✓ 読解の重要ポイント

① アメリカ国内において，「対立」に対する捉え方は，民族的背景によって異なることがあると述べている。

⑥ そのため，お互いにとって心地よい対立スタイルを見いだすのは容易ではないだろうと述べている。

🔑 キーワード

④ directly「直接的に」

⑤ collective「集団的な，集団主義の」

5 ▶▶アメリカ国内において，対立に対する捉え方は民族的背景の影響を受ける

①また，アメリカ国内において，意思を伝達する者の民族的背景が，対立に関する考えにおいて役割を果たす。

②アフリカ系アメリカ人，メキシコ系アメリカ人，白人のアメリカ人の大学生が対立に関する考えについて尋ねられたとき，いくつかの重要な違いが現れた。

③例えば，白人のアメリカ人は対立を人間関係における当然の一部として受け入れることをよりいとわない傾向にあるが，メキシコ系アメリカ人は反対することの短期的および長期的危険性を説明する。

④白人が対立を経験することをいとわないのは，直接的に話し，不確実さを避ける，彼らの個人主義的でローコンテクストなコミュニケーションスタイルの一端なのかもしれない。

⑤親しい間柄にある人の中での調和を重んじる，より集団的でハイコンテクストな文化の人々が，より直接的でない方法で対立を処理する傾向にあることは驚くべきことではない。

⑥こうした違いがあることから，異なる文化的背景を持つ2人の友人，恋人，同僚がお互いにとって心地よい対立スタイルを見いだすのに苦労することがあるだろうということは容易に想像がつく。

5
① ethnic「民族の，民族的な」
 background「背景」
 play a role in ～「～において役割を果たす」
② regarding「～に関して」
 emerge「現れる」
③ (be) willing to *do*「…しても構わないと思う」
 accept *A* as *B*「A を B として受け入れる」
 short-term「短期の」
 long-term「長期の」
 disagree「反対する」
④ uncertainty「確実でないこと」
⑥ have trouble (in) *doing*「…するのに苦労する」

10

問1 Choose the best way to complete the following sentences about Paragraphs **1** to **5**.

「**1**～**5**のパラグラフについて，次の文を完成させるのに最も良いものを選びなさい」

(1) In Paragraph **1** the authors mainly describe

「パラグラフ**1**で筆者らが主に述べているのは，＿＿＿」 → （ g ）

(2) In Paragraph **2** the authors mainly describe

「パラグラフ**2**で筆者らが主に述べているのは，＿＿＿」 → （ d ）

(3) In Paragraph **3** the authors mainly describe

「パラグラフ**3**で筆者らが主に述べているのは，＿＿＿」 → （ c ）

(4) In Paragraph **4** the authors mainly describe

「パラグラフ**4**で筆者らが主に述べているのは，＿＿＿」 → （ h ）

(5) In Paragraph **5** the authors mainly describe

「パラグラフ**5**で筆者らが主に述べているのは，＿＿＿」 → （ b ）

(a) American people's reluctance to understand Japanese people's indirect communication style.

「アメリカ人が日本人の間接的なコミュニケーションスタイルを理解したがらないということだ」

(b) how people from different ethnic backgrounds struggle to find a way to handle conflict even when they are from the same country.

「同じ国の出身であっても，異なる民族的背景を持つ人々が，対立を処理する方法を見つけるのにいかに苦労しているかということだ」

(c) how people's tendencies to communicate directly or indirectly depend on cultural norms.

「人々が直接的ないし間接的にコミュニケーションをとる傾向が，いかに文化的な規範に左右されているかということだ」

(d) that assertiveness is perceived differently between those who value the individual and those who place importance on the group.

「個人を重んじる者と集団を重んじる者では，自己主張の捉え方が異なるということだ」

(e) the importance of ethnicity compared with assimilation in communicating during conflicts.

「対立中のコミュニケーションにおいては，同化よりも民族性のほうが重要だということだ」

(f) the inability of Japanese people to say "no."

「日本人が『ノー』と言えないということだ」

(g) the differences in communication styles during conflicts for different cultures.

「異なる文化にとっての対立中のコミュニケーションスタイルの違いだ」

（h）the different views toward arguing in different countries and cultural groups.

「さまざまな国や文化的な集団における，議論をすることに対する異なった考えだ」

解説 パラグラフの要旨を把握する力が問われている。日頃の学習から「各パラグラフのトピック（各パラグラフを一言で言うと何か）」を意識しながら読む習慣をつけてほしい。**1**では「意見の対立時に自らの意思を相手に伝達する方法は，文化によって大きく異なる」ことについて述べられているため，(1)は(g)が正解。**2**では「個人主義的な文化と集団主義的な文化では『主張の強い行動』に対する捉え方が異なる」ことについて述べられているため，(2)は(d)が正解。**3**では「『主張の強い行動』に対する捉え方を異なるものにするもう1つの要因は，ハイコンテクストの文化様式とローコンテクストの文化様式の違いである」ことについて述べられており，特に**3**②ではローコンテクストな文化様式は直接的なコミュニケーションを重視すること，**3**③，④およびそれ以降の具体例ではハイコンテクストな文化様式は間接的なコミュニケーションを重視することが述べられているため，(3)は(c)が正解。**4**では「対立における文化の違いは，なじみのある文化様式においてもみられる」ことについて述べられ，その中で議論の捉え方の違いについての例が挙げられているため，(4)は(h)が正解。**5**では「アメリカ国内において，対立に対する捉え方は民族的背景の影響を受ける」ことについて述べられているため，(5)は(b)が正解。(a)は本文に記述がないため，誤り。(e)は**1**④，⑤に反するため，誤り。(f)は**3**⑨に「もう1つの例は，日本人が要求に対して『ノー』とはっきり言いたがらないことである」という記述はあるものの，「日本人が『ノー』と言えない」という記述はなく，**3**で筆者らが主に述べている内容であるとも言えないため，誤り。

問2 Choose the BEST way to complete each of these sentences that does NOT agree with the passage.

「文章の内容と一致しないように，以下の各文を完成させるのに最も良いものを選びなさい」

(1) Euro-Americans

「ヨーロッパ系アメリカ人は，＿＿＿＿＿」

（a）are known for their straight-talking approaches.

「率直なアプローチで知られている」

（b）disagree in a calm but assertive way.

「冷静に，しかし主張の強い方法で反対する」

（c）follow the norm of other cultures in their disagreements.

「意見が合わないときは，他の文化の規範に従う」

（d）have less tolerance of expressions of intense emotion than African-Americans.

「アフリカ系アメリカ人よりも激しい感情表現に対して寛容でない」

解説 本文の内容と「一致しない」選択肢を選ぶ問題。このような形式の問題では，不正解の選択肢が本文の内容と一致することを一つひとつ確認する必要がある。本文に記述がない（**c**）が正解であるが，他の選択肢が本文の内容と一致していることを丁寧に確認してほしい。

- （**a**）**1**②より，「ヨーロッパ系アメリカ人は率直である」という内容を読み取る。ここから，（**a**）は本文の内容と一致すると判断できる。
- （**b**）**1**②より，「ヨーロッパ系アメリカ人は冷静で主張が強い」という内容を読み取る。ここから，（**b**）は本文の内容と一致すると判断できる。
- （**d**）**1**③より，「アフリカ系アメリカ人はヨーロッパ系アメリカ人よりも激しい感情表現に対して寛容である」という内容を読み取る。ここから，これを言い換えた（**d**）は本文の内容と一致すると判断できる。

(2) Japanese people

「日本人は，＿＿＿＿」

- （**a**）prefer to make simple requests.
  「簡単な要求をすることを好む」
- （**b**）rely on unspoken rules.
  「不文律に頼っている」
- （**c**）try not to embarrass their conversation partners.
  「会話の相手を困惑させないようにする」
- （**d**）usually refuse indirectly.
  「たいていは間接的に断る」

解説 本文の内容と「一致しない」選択肢を選ぶ問題。本文に記述がない（**a**）が正解である。なお，（**a**）には simple request「簡単な要求」という本文に登場する語句が使われているが，一部の語句だけから判断し，本文の内容と「一致する」と決めつけてしまわないように注意しよう。

- （**b**）**3**④「（日本人は）さまざまな不文律から意味を導き出す」より，（**b**）は本文の内容と一致すると判断できる。
- （**c**）**3**⑤「（日本人は）会話の相手を困惑させるおそれのあるコミュニケーションを避ける」より，（**c**）は本文の内容と一致すると判断できる。
- （**d**）**3**⑨，⑩より，「日本人が何かを断るときは，間接的な表現を用いるのが一般的である」という内容を読み取る。ここから，（**d**）は本文の内容と一致すると判断できる。

(3) Arguments

「議論は，＿＿＿＿」

- （**a**）are a part of the culture of Italians from a young age.
  「幼い頃からイタリア人の文化の一部である」
- （**b**）are not seen as negative in all cultures.
  「すべての文化において否定的な見方をされるわけではない」

（ c ） are often mistaken by Americans visiting Greece as friendly conversations.

「ギリシャを訪れたアメリカ人によって，友好的な会話であると誤解されることが多い」

（ d ） are viewed as a game in some cultures.

「一部の文化ではゲームとみなされている」

解説 本文の内容と「一致しない」選択肢を選ぶ問題。**4**④「ギリシャを訪れたアメリカ人は，友好的な会話を耳にしているのに，口論を目の当たりにしていると思うことが多い」とは逆のことを述べた（ c ）が正解。

（ a ） **4**⑤より，「議論はイタリアの子どもが大好きな遊びの１つである」という内容を読み取る。ここから，（ a ）は本文の内容と一致すると判断できる。

（ b ） **4**③～⑥より，「議論をゲームや遊び，社交的であるための手段として捉える文化もある」という内容を読み取る。ここから，（ b ）は本文の内容と一致すると判断できる。

（ d ） **4**③「これらの文化では，言葉による論争を親密さの一形態やある種のゲームとさえみなしている」より，（ d ）は本文の内容と一致すると判断できる。

(4) Conflict

「対立は，＿＿＿＿＿」

（ a ） is a natural part of relationships to white Americans.

「白人のアメリカ人にとって人間関係における当然の一部である」

（ b ） is considered differently by white Americans and Mexican Americans.

「白人のアメリカ人とメキシコ系アメリカ人で異なる考え方がなされる」

（ c ） is handled less directly in high-context cultures.

「ハイコンテクストの文化ではより間接的に扱われる」

（ d ） is more common in collectivist cultures.

「集団主義的な文化においてより一般的である」

解説 本文の内容と「一致しない」選択肢を選ぶ問題。文章全体の趣旨や**5**④，⑤とは逆のことを述べた（ d ）が正解。本文全体の流れを読み違えていなければ，正解にたどり着ける問題であり，要旨を把握する力が問われている問題である。

（ a ） **5**③「白人のアメリカ人は対立を人間関係における当然の一部として受け入れることをよりいとわない傾向にある」より，（ a ）は本文の内容と一致すると判断できる。

（ b ） **5**③より，「白人のアメリカ人とメキシコ系アメリカ人は対立に対する捉え方が異なる」という内容を読み取る。ここから，（ b ）は本文の内容と一致すると判断できる。

（ c ） **5**⑤より，「ハイコンテクストの文化では直接的でない方法で対立を処理する傾向にある」という内容を読み取る。ここから，（ c ）は本文の内容と一致すると判断できる。

重要構文解説

1 ③⟨For example⟩, ⟨in traditional African-American culture⟩, _Sconflict _Vis characterized ⟨by a greater tolerance (for expressions of intense emotions) ⟨than _{V'}is _{S'}the rational, calm model (taught ⟨in mainstream U.S. culture⟩)⟩⟩.

比較級の greater と than が対応している。than 以下は倒置形で, is S という語順になっている。また, 過去分詞句 taught in mainstream U.S. culture が model を修飾している。

2 ②⟨In individualistic cultures (like that of the United States)⟩, _Sthe **❶**goals, **❷**rights, and **❸**needs (of each person) _Vare considered _Cimportant, and _Smost people _Vwould agree _O[that _{形式S'}it _{V'}is _{C'}an individual's right _{真S'}[to stand up for himself or herself]].

... are considered important は, consider O C「O を C と考える」の受動態 O be considered C「O は C と考えられている」を用いた表現。it は to 不定詞句 to stand up ... herself を真主語とする形式主語。

5 ⑤_{形式S}It _V's not _Csurprising _{真S}[that _{S'}people (from more collective, high-context cultures (_{S"}that _{V"}emphasize _{O"}harmony (among people (with close relationships)))) _{V'}tend to handle _{O'}conflicts ⟨in less direct ways⟩].

It は that people ... direct ways を真主語とする形式主語。that emphasize ... relationships は cultures を先行詞とする関係代名詞節。

156

「文化的特徴のさまざまな分類」

基本の知識

　　世界にはさまざまな文化があり，その特徴の違いを表すさまざまな分類の仕方があります。その１つが，アメリカの文化人類学者エドワード・T・ホールによって提唱された「ハイコンテクスト文化」と「ローコンテクスト文化」という分類です。日本のようなハイコンテクストの文化においては，コミュニケーションは言語外の文脈に大きく依存し，暗黙の了解や表情，ボディランゲージなど，間接的で言葉によらない要素を重視します。いわば「空気を読む」文化です。一方，アメリカなど西洋のローコンテクストの文化では，人々はコミュニケーションの前提となる文脈をそれほど共有せず，コミュニケーションは言葉によって考えや主張をはっきりと伝えるといった，より直接的なものになる傾向があります。もっとも，このような考え方は実証されておらず，誤りであるとの批判も多く寄せられています。

　　また，今回の文章にもあったように，集団主義と個人主義という分類もよく行われます。文字どおり，集団主義は集団を重視する考え方であり，個人主義は個人を重視する考え方です。東洋は集団主義的な文化であり，西洋は個人主義的な文化であるといったように，東洋と西洋の違いというくくりの中で語られることも少なくありません。もちろん現実はもっと複雑ですが，大まかな分類の仕方として頭に入れておくと英文が読みやすくなるはずです。

10

入試の出題傾向

　　「ハイコンテクスト文化とローコンテクスト文化」や「集団主義と個人主義」をテーマにした文章は全国の多くの大学入試問題で出題されています。異文化間のコミュニケーションや文化をまたいだ経済活動に関する文脈，あるいは人々が感情を表出する程度の違いなどの文脈で，文化の違いについて説明するために引き合いに出されます。

> **類題出題歴** ・ハイコンテクスト文化とローコンテクスト文化：青山学院大(2017)，島根大(2018)，都留文科大(2019)，成蹊大(2020)，東京理科大(2020)　など
> ・集団主義と個人主義：兵庫県立大(2018)，立命館大(2018)，滋賀大(2022)，中央大(2022)　など

文章の展開と読み方

　　「ハイコンテクスト文化」と「ローコンテクスト文化」，「集団主義」と「個人主義」の対比を軸に主張が展開されることがほとんどです。対比を念頭に置いて読み進めることで，素早く読むことができるはずです。

キーワード 対立に対する捉え方の文化による違い

★	□ high-context culture	名 ハイコンテクストの文化
★	□ social convention	名 社会的慣習
★	□ hint	名 暗示, ほのめかし
★	□ unspoken rule	名 不文律, 暗黙のルール
	□ nonverbal	形 言葉によらない, 言語外の
★	□ context	名 文脈, 状況
	□ implicit	形 暗示的な
★	□ indirect	形 間接的な
★	□ low-context culture	名 ローコンテクストの文化
	□ explicit	形 明示的な
★	□ direct	形 直接的な 関連表現 straightforward「直接的な」
★	□ verbal	形 言葉による, 言語の
★	□ assertive	形 主張の強い
★	□ collectivist(ic) culture	名 集団主義的な文化
	□ cooperative	形 協力的な
★	□ individualistic culture	名 個人主義的な文化
	□ competitive	形 競争的な

☞ 日本など「ハイコンテクストの文化 (high-context culture)」では,「社会的慣習 (social convention)」や「暗示(hint)」,「暗黙のルール (unspoken rule)」など,「言葉によらない(nonverbal)」「文脈(context)」に依存した「暗示的で (implicit)」「間接的な(indirect)」コミュニケーションが好まれる傾向にあるとされます。一方で, アメリカなど「ローコンテクストの文化(low-context culture)」では, 文脈にそれほど依存せず,「明示的で(explicit)」「直接的な(direct)」,「言葉による(verbal)」「主張の強い(assertive)」コミュニケーションが行われる傾向にあるとされています。

☞ 東洋で一般的とされる「集団主義的な文化 (collectivist(ic) culture)」においては,「協力的な(cooperative)」行動が重んじられると言われています。一方で, 西洋で一般的とされる「個人主義的な文化 (individualistic culture)」は, 自由や平等といった概念が生み出されるという長所とともに,「競争的で(competitive)」他者への配慮が欠けがちな面が短所として挙げられることがあります。

NEXT ≫ さらに広げる!「思想・哲学・宗教」の重要キーワード

● 「思想・哲学・宗教」に関連するキーワード

社会における考え方の違い

音声 42

☐ **time-bound society**	名 時間厳守の社会
☐ **time-blind society**	名 時間に正確ではない社会
☐ **punctual**	形 時間を守る
☐ **egalitarianism**	名 平等主義 関連表現 **egalitarian**「平等主義者」
☐ **democracy**	名 民主主義

> ☞ 「時間厳守の社会(**time-bound society**)」と「時間に正確ではない社会(**time-blind society**)」は対比の形で語られることがあります。前者は後者に比べて「時間を守る(**punctual**)」ことが重視される社会であると言えます。
>
> ☞ 「平等主義(**egalitarianism**)」は,「民主主義(**democracy**)」の根幹をなす平等をすべての市民に与えるべきとする考え方です。

個人における考え方の違い

音声 43

☐ **optimism**	名 楽観主義
☐ **pessimism**	名 悲観主義
☐ **optimist**	名 楽観主義者
☐ **pessimist**	名 悲観主義者

> ☞ 物事をプラスに考える「楽観主義(**optimism**)」とマイナスに考える「悲観主義(**pessimism**)」は,個人の考え方の傾向として,一般に対照的な扱いを受けます。楽観的な考え方をする人のことを「楽観主義者(**optimist**)」と言い,悲観的な考え方をする人のことを「悲観主義者(**pessimist**)」と言います。